Sonia BARTHOD

L'état pur

AVANT-PROPOS

Guérisseuse depuis neuf ans, je découvre à travers mes rencontres de nombreux trésors, enfouis en chacun de nous. La clé qui ouvre ce coffre au trésor n'est autre que l'amour. Celui qui siège dans nos cœurs. Le pur, le vrai, l'inconditionnel.

La quête de paix intérieure est un parcours sinueux et douloureux. Bien plus qu'une montagne à gravir, tout un monde à construire. La guérison de nos blessures est pourtant bien accessible, lorsque nous décidons de nous mettre en chemin.

Lors de mon éveil, le parcours a été parsemé d'expériences remplies de grandes souffrances, mais toutes bénies d'un enseignement divin. J'ai réussi à mettre en lumière ces meurtrissures et ainsi revenir à l'état naturel, l'amour. Cet amour inconditionnel, qui nous relie tous à la même source créatrice, l'univers, Dieu.

Peu importe son nom, l'essentiel est de s'y reconnecter afin de retrouver calme intérieur et joie de vivre.

Ce livre transmet les étapes à franchir pour trouver et vibrer cet amour infini. Au fil des pages, un lien se crée entre les prises de conscience et l'enseignement du Christ. Jésus est la plus haute forme d'amour, le pur amour inconditionnel. Lorsque tu accèdes à cet amour, tu portes en toi cette énergie christique de guérison. Tu incarnes la lumière de Dieu. Ce livre vient te réconcilier avec Jésus, pour te faire renaître dans ton essence divine.

Par ce livre et la guérison qu'il offre à ton être profond, tu comprends alors que Jésus t'aime. Hors religion et église, ce livre te ramène à sa vibration pure et sincère. A travers les saintes écritures, il te guide depuis toujours et te protège pour l'éternité.

En parcourant ce livre, certains points résonneront en toi, là se trouvera ta vérité, afin de créer ta réalité, ta destinée.

Fais confiance à ton cœur, tu reconnaîtras ce dont tu as besoin.

Le ciel n'a jamais été aussi beau, le jour où j'ai décidé de prendre la route.

Je remercie les belles âmes croisées sur le chemin. Mes patients, mes petites brebis, je vous aime tellement. Vous pensez que je vous guide mais en vérité c'est vous qui me guérissez.

L'état pur

Je ne te parle pas de religion, mais d'amour.

D'un amour éternel qui te relève et te révèle.

Je te parle d'une voix d'âme reliée à l'infini, de dévotion et de partage.

Je te parle de résilience et de pardon, de paix et d'acceptation.

Je te parle de voyage céleste et d'union sacrée, d'échange et de révélation.

Je te parle de confiance, d'estime et de courage.

Je te parle d'anges et de guides, de prophétie.

Je te parle de liberté et d'allégresse, de douceur et de tendresse.

Je te parle de famille d'âmes et de lien indéfectible, de fraternité et d'unité.

Je te parle de guérison et de miracle, d'or et de diamant, à trouver et à semer.

Je te parle d'abondance et de grandeur, d'expérience et d'enseignement.

Je te parle d'humilité et de sagesse, de trésor et de grâce.

Je te parle de magie et de pouvoir illimité.

Je te parle de manifestation et de clé, de chef-d'œuvre à créer.

Je te parle du paradis et de ses enfants, de sérénité et de repos.

Je te parle de soutien et de renaissance, d'alchimie et de merveille.

Dans ce nouveau monde d'amour, je te parle d'espoir et de rêve accompli. Je te parle de douceur et d'authenticité, d'altruisme et de générosité.

Je te parle avec mon cœur et tout ce que je viens de décrire n'est autre que toi, à l'état pur.

Avec toute mon affection,

Sonia Barthod.

La quête de soi

Si tu es en recherche de réponses sur le but de ton existence, sur comment accéder au véritable bonheur, celui qui te réconcilie avec la joie de vivre et uni aux autres ; si tu te sens triste et perdu et que tout ton univers s'effondre : félicitations! Tu es certainement aux prémices de ton éveil spirituel. Peu importe la cause, te détacher de ton essence divine fait partie intégrante du chemin. Ton objectif est désormais de t'y reconnecter. Tout perdre pour mieux te reconstruire.

Il ne tient qu'à toi d'en prendre conscience et d'accepter, en cet instant précis de ton parcours, que tu n'es visiblement plus à ta place. Tu n'es plus aligné à ce qui te fait vibrer, tu te sens déconnecté de tout. Bienvenue dans le processus de développement personnel : tu vas en baver !

L'épreuve te plonge dans les tréfonds de tes blessures qui sont désormais trop lourdes à porter. Une maladie, un deuil, une séparation … Le choc frontal te fait sombrer dans les méandres de tes ténèbres et pourtant, ce tsunami est un cadeau du ciel. Tu le comprendras plus tard...

En attendant, comment faire pour affronter tes journées quand elles sont devenues trop fades ?

Commence par écouter tes intuitions, premier guide à suivre, ce canal si fin et tellement souillé par le mental et les débris moraux. Il est pourtant le pilier de tout être en quête de spiritualité. Si tu veux aller mieux, reconnecte-toi à tes ressentis, aux murmures de ton âme.

Prends soin de cette petite étincelle divine qui vit en toi. Raccroche-toi à ce qui fait levier pour avancer et déployer tes ailes. Autorise-toi à faire ce que ton cœur te dicte car c'est lui le véritable professeur.

Laisse enfin ton âme prendre la main. Exploite ton potentiel, tu es ici-bas pour être heureux! Non pour subir, non pour souffrir. Le temps sur terre passe tellement vite, recentre-toi sur tes priorités, ta joie, ta lumière.

Prie et visualise tes plus grands rêves. C'est toi qui détiens le super pouvoir enchanteur de les faire se manifester dans la matière. Cette matière si lourde à certains jours et pourtant si éblouissante lorsque tu oses être toi.

Laisse jaillir l'effluve sacrée. Tu es la flamme divine venue incarner cette lumière. Mets-toi en route, un jour à la fois, une heure à la fois. Pas après pas, reprends le chemin qui te mène vers ta destinée.

Si tu veux voir ta vie changer, réveille-toi !

Le changement vient toujours de l'intérieur.

"Le jour où j'ai peur, je mets ma confiance en toi".

Psaume 56:4

La foi

L'espoir d'aller mieux, la certitude que tes prières sont exaucées, ton pouvoir créateur ressenti, l'opposition mentale maîtrisée. Tu es dans la main de Dieu, tu ne crains rien. La source divine te guide et te protège. Ce sublime Univers te prépare de majestueuses bénédictions, lorsque tu y crois.

La paix, la guérison et la renaissance. Tout ce que tu désires est juste là devant toi, offert sur un plateau d'argent.

La foi te porte, autorise-la à être ton chef-d'œuvre ascensionnel, ta coupe dorée. Mets ta couronne sur ta tête et incarne cette foi, ce tremplin qui te mène au sommet de ton existence.

Ta foi est d'une force incommensurable. Tu es l'architecte de toute création. Si Dieu est notre père, tu fais partie de ses enfants. Tu es à toi seul cette parcelle divine. Crois en toi, en la vie, en l'espoir que tout, absolument tout est possible. Ressens le meilleur de ta vie qui arrive et te libère enfin de ton mal-être latent.

Fais confiance au processus, tout est parfait, juste et bon. Tout ce qui est écrit pour ton évolution est défini par ton âme supérieure, la partie divine de ton être. Préserve dans ton cœur cette foi que tout arrive pour une raison bien plus que valable.

La sagesse est aussi d'accepter de ne pas avoir les réponses, elles viendront plus tard, au bon moment. Tu comprends alors le pourquoi de ce parcours tortueux. Il en devient transcendant et te permet de poser un regard bienveillant sur tes épreuves de vie.

Tu ne peux pas être une vieille âme et ne pas expérimenter de grandes souffrances. Elles viennent te reconnecter à ton âme suprême et souveraine. Ta foi est ton arme de puissance sans égal pour affronter les plus profonds chagrins terrestres et ainsi t'aider à traverser l'enfer. Lorsque tu intègres que tu es capable de sortir de l'enfer, plus rien ne pourra t'atteindre. Là où nombreux abandonnent Dieu, le rendant responsable de leur malheur, toi, tu lui fais confiance. Perdre ta foi serait le néant. Tu restes fidèle à ton Dieu d'amour et tu amplifies tes prières. Ceux qui persévèrent dans le dialogue avec Dieu et résistent à la tentation de se couper de la source sont des âmes innocentes que l'on appelle Saints. Quand tu poses ce regard d'amour sur tes meurtrissures, tu les remplis d'un pur cristal. Tu deviens le joyau prometteur. Embrasse ce lâcher-prise au divin. Perdure dans la prière. Transmute tes journées avides de sens en lumières transcendantes d'extase.

Tu es la clé, le chemin témoin de l'envol de l'être. La foi est clémente, elle te berce et te borde. Elle te console et te bénit. Inspire désormais à chaque souffle l'espoir sacré d'un meilleur à venir.

La porte dorée s'ouvre aux bateleurs et non aux victimes. Tant que tu accuses et subis tu alimentes la blessure. Lorsque tu fais confiance au processus divin, tu abandonnes tout besoin de contrôle, tu t'élèves. Rallume les étoiles, une par une s'il le faut !

"Car nous marchons par la foi et non par la vue".

2 Corinthiens 5:7

Le courage

Quel vaillant guerrier tu deviens, toi et tes blessures dorées. Dans ton odyssée, tu peux être encerclé de faux, les traîtres. Ceux qui ne portent pas une once de savoir divin. Souviens-toi que toi aussi, tu as été comme eux, au début de tes incarnations. Tu ne fais pas partie des mêmes niveaux de conscience, accueille cette dissonance avec compassion.

A toi seul tu es l'éternité, nombreux te rejetteront pour ta lumière. Tu dois cheminer seul dans tes ténèbres, pour but de te connecter à eux, là-haut, ta véritable famille. Les guides, les saints, les anges et maîtres ascensionnés. Ils seront parfois ton unique famille, car tu es toi aussi la lumière de Dieu.

Pour reconnaître cette lumière en toi et l'incarner, il te faut descendre au plus profond de ton âme. Avec patience et humilité.

Le chemin de l'éveil est long et douloureux, communiquer avec les êtres des plans subtils te permet de ressentir leur présence et t'aide à transmuter tes blessures.

Tu comprends qu'ensemble vous faites partie de la même équipe, toi ici-bas et eux là-haut.

Chaque épreuve de vie acceptée est une clé, chaque enseignement intégré te guide vers la plénitude. Ainsi, l'image que tu as de toi ne cesse de s'embellir, car tu te remplis peu à peu d'amour.

Tu accèdes enfin à la capacité d'être en paix avec ton passé et les situations qui t'ont meurtri.

Tu dépasses la colère et l'injustice, tu prends de la hauteur.

C'est l'impact dans ton cœur qui permet à la lumière d'y passer. Dans quelques années, avec le recul, tu comprendras pourquoi tu as dû passer par là et tu en discerneras tes forces.

Les épreuves te montrent ta véracité. Sois le guerrier de lumière afin de devenir un guide pour les âmes en souffrance. Les enseignements intégrés sont vécus pour être transmis par la suite. En vivant de grandes épreuves, la douleur des autres résonne en toi. C'est ainsi que tu deviens le guérisseur par excellence, tu guides avec le cœur.

Tu témoignes de ta traversée du désert et de l'aptitude à sortir de ton propre enfer.

Durant ton éveil spirituel, il est important d'écouter les messages de ton corps, d'envoyer de l'amour à tes cellules afin qu'elles se reprogrammment sereinement. Prends le temps de bien respirer, inspire le courage d'être toi.

Choisis de t'aimer et sois fier pour tout le chemin parcouru. Accepte d'être celui que tu aspires à devenir, suis toujours ton instinct. Positionne-toi face à ceux qui te limitent. Entoure-toi de personnes bienveillantes. Ne soumets pas de compromis pour réaliser tes rêves. Les riposteurs sortent, seuls les vrais amis restent. Tu peux également cheminer dans une solitude extrême, la famille d'âmes te rejoindra un jour prochain, les personnes de cœur entreront dans ta vie comme par enchantement.

Fais confiance à Dieu, mieux vaut voyager seul car certains boulets freinent considérablement ton ascension !

"Je vous ai dit ces choses afin que vous soyez en paix avec moi. Vous aurez à souffrir dans le monde; mais prenez courage! Moi, j'ai vaincu le monde".

Jean 16:33

"Le Fils de l'homme s'en va, comme il est écrit; mais malheureux celui par qui il est livré !"

Matthieu 26 14:25

La peur

Quelle tortueuse émotion cette étincelle volcanique qui te limite dans quasiment tous les domaines de ta vie. De par ses basses fréquences, elle est responsable de tellement de ratés ! Tout ce dont tu as toujours rêvé se trouve de l'autre côté de tes peurs. Si Dieu a déposé un rêve en toi, c'est qu'il est accessible, quand tu y crois. Si ce rêve est présent dans ton esprit et si tu parviens à le visualiser, tu réussis à le faire se manifester dans la matière, peu importe tes peurs.

Lorsque tu comprends que toutes tes peurs sont infondées, tu parviens enfin à être en osmose avec le divin.

Cet apprentissage non subtil des bas-fonds de ton estomac est un élément essentiel pour trouver ta légèreté d'être. Si tu as Dieu avec toi, de quoi peux-tu avoir peur?

Tes peurs sont des petits monstres que tu crois apercevoir dans l'obscurité. Avec leurs ombres terriblement farouches, elles t'enferment dans une prison de limitations.

Allume la lumière en toi, celle qui te fait pétiller et éblouit tes torpeurs.

Tu ne crains rien, tu es le divin, le chemin.

Là-haut ils te testent constamment pour qu'arrive le jour où tu conscientises que c'est toi qui à la clé pour maîtriser tes peurs.

Tu as dans ta main la clé qui ouvre la porte de ton destin. La clé qui fait vibrer en toi la sécurité et la foi.

Aussi puissant qu'un arbre qui affronte la tempête, tu es ancré, grâce à cette foi. Tes racines sont profondes. Tourne-toi toujours vers le divin et tu consolideras la certitude de ne plus jamais vaciller. Refuse désormais de te laisser dominer par tes peurs. Elles ne sont que le reflet de tes propres blessures. Rassure ta petite voix quand elle te souffle le pire, suggère-lui le meilleur.

Tu verras alors tes peurs s'amoindrir et ta zone de confort s'élargir.

Tu seras fier de toi quand une peur viendra te mettre au défi. Ton nouvel état de conscience te fera la transformer en quiétude. Cette évolution de ta capacité à accueillir et à gérer tes peurs te portera sur des plans d'abondance et de fertilité.

De vrais jeux olympiques, ce développement personnel !

Tes peurs te maintiennent dans une douce agonie où tu erres sans solvant actif à leur destruction. Toi seul a le pouvoir intérieur de les neutraliser, les écouter et les chérir.

Lorsque tu luttes contre quelque chose, tu l'amplifies. Lorsque tu l'accueilles, tu le transmutes.

A ne plus subir tes peurs, tu deviens le créateur de ta vie, tu augmentes ton taux vibratoire, tu t'élèves encore et toujours plus haut. Tu modifies tes perceptions en devenant de plus en plus conscient de ton pouvoir créateur.

Baisse les armes et pose l'intention de n'être que foi et stabilité. Quand tu as peur tu t'éloignes de Dieu, reste toujours au creux de sa main.

Au rythme des saisons de ta vie, les peurs seront apprivoisées, la clarté de ton âme remontera à la surface de tes croyances. Tu es invincible, ne l'oublie jamais.

A la prochaine peur qui vient déstabiliser ta journée, relis cette célèbre citation:

"Le destin murmure au guerrier: Tu ne peux pas résister à la tempête. Le guerrier lui murmure en retour: "Je suis la tempête".

"Quand je suis dans la crainte en toi je me confie".

Psaume 56:4

"Pourquoi êtes-vous si craintifs, hommes de peu de foi ?"

Matthieu 8:26

"Ne crains rien, car je suis avec toi. Ne promène pas des regards inquiets, car je suis ton Dieu. Je te fortifie, je viens à ton secours, je te soutiens de ma droite triomphante".

Esaïe 41:10

Dieu t'aime et te protège.

Le pardon

Quel beau poison mortel ce doux parfum de colère que génère la blessure d'injustice. Explore cette colère, qui détruit-t-elle? Qui porte cette colère sur son foie?

Quel merveilleux sentiment de vengeance et d'apaisement te donne cette véhémente haine.

Le plus beau cadeau que tu puisses t'offrir dans la vie est de te délester de cette colère douce-amère.

L'accomplissement de ton éveil spirituel est de la mettre en lumière.

Le graal sur Terre. L'ère du Verseau dans toute sa splendeur.

Le miracle de l'âge d'or, le second avènement.

Le cadeau divin, la guérison définitive de ton âme. La connexion directe à la source. Quand tu auras transmuté toute colère et ressentiment, tu seras réellement éveillé. Le feu de la colère te consume et te sacrifie. À entretenir rancœur et amertume, tu passes à côté de tellement de grâce et de beauté.

La colère te pétrifie, te fige et te dévore. Elle t'hypnotise et te lacère, t'empêche d'avancer sur ton chemin de lumière, elle te maintient sur ton chemin de croix. Elle ferme ton cœur à toute forme d'amour.

La guérison se produit lorsque tu abandonnes ce fardeau qui t'emprisonne et te déchire.

L'ultime objectif dans une incarnation est de trouver le courage de laisser partir cette colère. Accepter qu'il est désormais temps de passer à autre chose et d'avancer vers de nouveaux horizons. Lâcher les attentes de compréhension et de réparations. Toi seul peut te guérir.

Comment serait ta vie sans cette amertume à l'intérieur de toi?

Ta relation aux autres, tes vibrations, tes projections?

Tes perceptions divines deviendraient plus fines, étriquées, subtiles.

La colère déploie tes croyances limitantes et destructrices, alimente l'injustice et te dissocie de Dieu.

Seul le pardon permet de transfigurer cette colère, de transmuter la blessure d'injustice et d'en guérir. Le pardon est un cadeau que tu fais à ton âme, à ton corps et à ton petit cœur brisé. Il régénère tes cellules et te vivifie.

Le pardon est une offrande de paix que tu diffuses à ton entourage et au monde entier. Si chaque individu se délestait de sa colère, nous pourrions enfin vivre dans un paradis sur terre.

Le pardon ne veut pas dire oublier ou cautionner, il signifie cesser de te détruire pour l'erreur que quelqu'un d'autre a commise; ou face à une situation injuste.

C'est finir de souffrir et de pourrir.

Le pardon est le seul moyen de renaître de ses cendres. La résurrection de ton âme, ta Pâques.

Le pardon coupe le lien avec la toxicité de la personne ou la situation qui crée cette injustice. Cela ne signifie pas être obligé de renouer avec la personne responsable de la blessure, surtout si cet individu reste sur des plans de noirceur. Le pardon est libérateur et salutaire. Lorsque sa magie opère en toi, tu accèdes à des niveaux supérieurs de conscience. Tu intègres que l'enseignement suprême était dans ce choix intérieur de pardonner. Là où ton libre arbitre te fait choisir le meilleur pour toi et ton âme, et non pour ton mental et l'aspect moral du préjudice.

Y parvenir t'enseigne que toutes les injustices vécues sont parfaites car elles ont pour unique but de te révéler les secrets et bienfaits du pardon.

Tu acceptes alors le choix de tes épreuves, ton plan de vie, établi avant ton incarnation par ton âme et tes guides. Tu trouves enfin le sens à toutes tes souffrances. Le plus grand mystère de l'Univers t'est révélé. Tu vibres la libération de ton cœur.

Tu trouves la vérité, l'unité. La blessure a joué le rôle de te permettre d'expérimenter le pardon. Tu bénis l'injustice, tu accueilles le coup reçu.

Tu poses un autre regard sur les obstacles à venir car tu sais que tu as désormais trouvé la clé universelle qui ouvre toutes les portes.

Tu es désormais invincible.

Tu comprends que dans l'épreuve il ne faut pas chercher l'ennemi, mais trouver l'enseignement. Le méchant a pour unique but de te faire travailler sur le fait d'accéder au véritable pardon du cœur. Il t'offre, en réalité, le plus beau cadeau au monde: incarner l'énergie Christique. Car tu es rempli de cet amour inconditionnel. Seules les rares âmes pures y parviennent, les plus courageux, les humbles, les anges terrestres.

En te libérant de cette colère, en acceptant l'enseignement de l'épreuve, tu transmutes tes souffrances.

Tu accueilles la présence du Christ en toi. La rencontre avec Jésus est le plus beau des présages, une providence réservée aux meilleurs soldats et tu en fais partie.

"Jésus lui dit : Je ne te dis pas de pardonner jusqu'à 7 fois, mais jusqu'à 70 fois 7 fois".

Matthieu 18, 22

"Si vous pardonnez aux hommes leurs offenses, votre Père céleste vous pardonnera aussi".

Matthieu 6:14

Le voyage

Le vent te porte dans la demeure sacrée, là où tu dois incarner ta nature divine et enfin exister pour ce que tu es. Un endroit où tu te réjouis du temps qui s'écoule car tu sais que tu es pleinement dans ta mission de vie, tu es enfin toi. Chaque instant est fait d'absolu, de tempérance et d'extase, subtile connivence humilité/souveraineté.

Tu grandis sur le sentier de la vérité, tu reprends ta place dans l'immortalité de ton âme, dans ta part d'éternité.

N'exige rien d'autre que d'être rempli de joie, afin d'en irradier le monde. Sois le guide, le sage, le magicien.

Le rocher, le chaman, le guérisseur.

Au sud, le soleil. Au nord, il y fait froid. Laisse-toi ce temps si pur à ton évolution. Fais confiance au ciment fraîchement coulé sur le socle de ta grandeur.

Tout est un, parfait et insoluble. Ton éveil est glorifié et soutenu, long et silencieux. Accueille le cheminement imparfait de ton être sublime. Laisse aller les regrets et la culpabilité, tristes somnifères de ton existence. Les porter en toi te fait dépérir, telle une rose fanée dans son pot.

Cours vers le meilleur, vers ce que ton cœur choisit, vers celui qui t'a choisi. Tu es l'élu, le diacre des rues. Excelle dans ce que tu performes, symbolise le genre humain avec la vibration angélique. Exprime ton art, ta beauté. Sculpte avec ton humilité, ton émotivité et ta vulnérabilité. Sois authentique dans ton évolution. Trouve tes dons.

Sois le cœur à toi seul, émane le souffle d'éternité.

Au fil de ton éveil, reste relié à la profondeur de ton âme.

Brille telle une étoile ravivée, laisse extraire de toi les étoffes subjacentes, le pur nectar de ton être.

Communément aux vibrations maîtres, aux vieilles âmes en dernière incarnation, tu chemines vers la guérison de tes blessures. Tu gravis l'échelle de louanges et de l'amour de soi.

Sublime est l'essence de ton être qui croît en sagesse divine.

Tu te sers désormais de chaque expérience vécue pour y puiser l'enseignement céleste. Tu perçois la fragilité d'être relié à l'amour inconditionnel ici-bas. Faire partie des souverains te fait être persécuté, rejeté, insulté. Cela te propulse plus loin dans ta quête du divin. Continue ton éveil spirituel, ton royaume t'attend. Respecte les dures étapes de ton évolution et tu fleuriras dans un jardin en hiver.

Tu embaumes les êtres d'un parfum de rose envoûtant telle une épine sacrée, ton rayonnement en éblouira plus d'un. Ton éveil provoque le réveil de ceux qui cheminent à tes côtés. Sois le témoin du changement de conscience, éblouis par ta présence. Fais ce voyage avec allégresse et légèreté. L'éveil est un peu trop sérieux, porte toujours un petit sourire malicieux, tel little bouddha dans son kesa !

"Vous êtes la lumière du monde".

Matthieu 5:14

Le couple divin

Une relation sacrée est ancrée en toi depuis le début de la création. Tu le reconnaîtras, le partenaire de tes vies, celui qui te rejoint dans tes rêves depuis l'enfance. L'Univers s'amusera à déposer des obstacles sur votre route. Tu vivras un chemin de croix, un parcours de foi, qui consolidera votre union.

C'est le luxe du lien sacré, l'amertume des larmes afin de transmuter le karmique. Permets-toi d'y croire et par amour pour ton autre, de panser toutes tes plaies, guérir tes blessures d'âme les plus profondes.

L'amour inconditionnel réunit des êtres destinés depuis fort longtemps. Lorsque tu rencontres cette même âme que toi, ton existence est bouleversée à tout jamais. L'éveil spirituel intègre cette rencontre d'âmes, afin que ton sacrement soit total. Si tu tiens le coup !

Contrats d'âmes, pas de fausses promesses, ni de déni ou compromis !

Rien ne peut défaire ce que Dieu a uni au commencement, la voie du cœur est toujours celle à emprunter. Courage à toi si tu es dans ce parcours. Tu dois affronter tes démons intérieurs afin d'être purifié pour incarner cet amour. Tes divertissements mentaux n'y feront rien. La leçon est de toujours revenir dans l'énergie du cœur, afin d'y installer la pérennité de l'union. Le couple sacré est souvent fait d'âmes écorchées qui forment de leur fusion la plus belle flamme d'amour sur Terre, la plus lumineuse, la plus christique, la plus rare. Les unions sacrées sont bénies et protégées, peu importe l'énergie tierce qui s'y oppose.

Élève-toi au sacré de ce lien indéfectible. Dieu a créé ces couples pour amplifier la vibration d'amour de la Terre.

Quand tu es dans un couple divin, tu témoignes du véritable amour inconditionnel possible à vivre ici-bas. Tu deviens l'exemple du Grand Amour, celui dont nombreux rêvent. Quand tu es dans un parcours tortueux où la reconnexion avec ton autre est difficile, cultive la foi au lien qui vous unit. Si dans ton cœur tu as la certitude que cette personne t'est destinée, fais confiance au processus. Repriorise-toi afin de couper toute dépendance affective et suis toujours tes intuitions. Les élans du cœur mènent vers les plus belles destinations. Préserve la foi qu'un jour prochain les retrouvailles auront lieu. Les plus belles choses prennent du temps à se construire. Les relations amoureuses sont de pures leçons de vie. Peu importe l'issue, reste en admiration devant la magnificence du couple divin. Sa splendeur et son ardeur. Son jalon doré qui dénote de tant de couples moroses. Les couples sacrés permettent de fleurir, de guérir et d'agrémenter notre monde. Ces âmes célestes se reconnaissent, s'entrelacent et renaissent l'une pour l'autre. Sois patient quand tu construis ton couple divin car certaines étapes sont difficiles. Le chemin le plus beau reste celui qui te brise et qui te répare à la fois. La rencontre d'un amour inconditionnel est un cadeau de Dieu. Le charnel et le spirituel en fusion diffusent une lueur d'espoir dans cette humanité où le couple est tristement désacralisé.

Et cesse de chercher l'amour, incarne-le !

"Le seigneur guérit ceux qui ont le cœur brisé, et il panse leurs blessures".

Psaume 147:3

"Celui qui trouve une femme trouve le bonheur; c'est une grâce qu'il obtient de l'éternel".

Proverbe 18:22

La rencontre avec soi

Aime-toi tel que tu es. Accepte ce qui ne te plaît pas en toi. Un être en paix est rempli d'amour. Commence par te donner cet amour au quotidien, par un dialogue intérieur bienveillant. Reste toi-même, sans artifice, sans attendre l'amour des autres. Tout l'amour dont tu as besoin se trouve dans ton cœur. Tu es ton propre guide et ton refuge, rempli de bonté et de sérénité. Tu es lié au monde entier. Tu es le monde entier à toi seul. Vis cette incarnation en étant la personne que tu rêves de rencontrer. Garde un regard constant sur toi pour analyser ton quotidien et percevoir comment l'améliorer. Comment devenir la meilleure version de toi-même?

Abandonne tout jugement sur autrui ; le jugement est ton pire ennemi et te sépare du divin. *"Ne jugez point, afin que vous ne soyez point jugés". Matthieu 7:1*

Pose un filtre devant tes yeux pour voir l'amour partout. Dans chaque être, chaque arbre, chaque animal. Préserve ton émerveillement devant la création de Dieu et regarde toute forme de vie avec les yeux de l'amour, tel un père regarde ses enfants avec amour, même lorsqu'ils font des bêtises.

Reste impassible face au jugement des autres. Souviens-toi qu'ils ne font pas partie du même niveau de conscience. Tu es ici-bas pour être toi. Protège-toi des âmes nuisibles qui gravitent autour de toi. Tranche les liens toxiques afin de pouvoir prendre de la hauteur. Les liens néfastes t'empêchent de t'élever sur des plans de conscience supérieurs et bloquent ton ascension. Tu as le don de discerner ces personnes limitantes, prends toujours de la distance avec ceux qui te nuisent. Même s'il font partie de ta famille terrestre. Il est d'ailleurs fréquent que ce soit eux les premiers à te freiner dans ton évolution. Les traîtres sont souvent les plus proches, ceux assis à côté de toi à table. Recueille dans ton cercle ceux qui t'aident à exploiter ton potentiel, qui t'aiment pour la personne que tu es. Entoure-toi de ceux qui méritent ta présence. Inutile de t'imposer les repas de familles qui te génèrent des angoisses. Écoute tes intuitions, elles ne te trahiront jamais. Lorsque tout est fluide et que tu te sens bien, tu es à ta place. Quand tu as peur d'être jugé ou que tu n'oses pas être toi-même, tes guides te montrent la toxicité du lien.

Le monde a besoin de ton originalité. Accepte d'être toi, le bizarre, le troubadour, l'illuminé. Si ton rayonnement n'est pas concevable pour certains, utilise cela comme un moteur à ta mission de vie. Si tu déranges, c'est uniquement à cause de ta lumière. Ne te laisse pas intimider par les envieux. Tu reflètes sur eux leur incapacité à s'ouvrir au divin. Utilise cette déception pour aller plus loin dans la quête de ton être profond.

Lorsque tu conscientises ces aspects de ta vie, tu te connectes à ton âme supérieure, la partie la plus pure et sincère de ton essence divine. Le crémant distillé, le moi-supérieur. Tu deviens le sage, l'ascète, l'alchimiste.

Chaque lumière a son ombre. Le tour à jouer est de faire de ton ombre la plus belle partie de toi. La parcelle divine qui te permet de tout connaître de ton âme, de tes combats, de tes échecs et de tes victoires. Fais de tes ennemis et de tes souffrances une clé qui ouvre le coffre-fort. La boîte de Pandore devient le gain suprême de ton existence. Choisis de poser ce regard sur ta vie. Elle en sera merveilleusement transformée, épurée des restes futiles du bas astral. Sans le bien il n'y a pas le mal, sans l'endormi il n'y a pas l'éveillé. Chacun joue son rôle. Remets en lumière ces cordes éthériques qui te lient au bas astral et continue ta merveilleuse ascension.

La dualité fait partie de ce que tu dois accepter, incarne toujours ton côté lumineux.

Rien ne peut obscurcir la lumière qui brille de l'intérieur.

"Ne te laisse pas vaincre par le mal. Au contraire, sois vainqueur du mal par le bien".

Romains 12:21

"Celui qui te touche, touche à la prunelle de mon œil, dit l'Eternel".

Zacharie 2:8

La zone de confort

Au quotidien, tu recherches la spiritualité et la sérénité mais tu te contentes d'un soupçon d'éveil qui te laisse croire que tu es accompli alors que tu portes en toi ce manque de joie lié au non aboutissement de tes aspirations profondes. Tout ce que tu souhaites se trouve de l'autre côté de tes peurs. Hors zone de confort, hors du mental, de l'éthique et de la normalité.

Comme il est bien compliqué de s'extraire de ce moule et de ces ancrages tellement bien façonnés depuis la plus tendre enfance. Encore plus depuis ces dernières années où les noirceurs de ce monde tentent en vain de manipuler de par la peur. Le raisonnable, la droiture des moeurs enchaînent à des règles et sombres protocoles, définis uniquement pour te limiter. Cette directive te courbe et te soumet.

Accepte d'incarner la différence, ose rêver plus grand !

Accueille toutes les facultés à développer, chaque nouveau jour que Dieu te donne est un cadeau. Chaque matin, pose un regard sur le vaste chemin des possibles, choisis de créer à toi seul un avenir festif et audacieux. Pour ce faire, crois juste en toi.

Tu es la clé, la clé de sol, la clé du coffre au trésor. Puise dans ta forteresse intérieure la guidance divine qui stagne depuis trop longtemps.

Les miracles se trouvent hors zone de confort alors lève-toi et cours. Au-delà de tes rêves. Visualise les miracles à accomplir aussi majestueux qu'une envolée d'oiseaux. Par synchronicité le terme exact d'une envolée est "murmuration d'oiseaux", alors laisse ton âme te murmurer les mystères de l'Univers.

Enthousiasme-toi à reconnaître les vibrations divines de ton cœur. Sors de ton enfermement, de ton gouffre mental et sécuritaire. Envole-toi en respectant enfin ta petite voix, celle qui te relie à ton âme. Lâche les attentes extérieures, répond à ton être profond. Éclaire la Terre de par ton audace, fugace, électrique. Incarne la légèreté qu'est de prendre des risques, pour être et devenir heureux.

Sois l'exemple à suivre, le plus haut voltage qui génère l'explosion. Écouter ton cœur te fait tout remettre en cause, tous et toutes. L'épée tranchante de Michael est bien plus scintillante lorsque tu la sublimes de tes effluves. N'hésite pas à faire le nettoyage de printemps dans ton entourage. Entoure-toi des humbles, ils sont les plus forts, les plus grands. Guide les affligés, ils sont le reflet de ton propre miroir. Accepte d'être le dernier de la société, le premier du royaume de Dieu.

Reste centré sur tes priorités, ne te soumets pas au jugement et à l'approbation des autres. Être en accord avec ton cœur, c'est trouver l'accord du Père céleste. C'est vibrer l'acceptation d'être toi et seulement toi, à tout jamais. Tu te suffis à toi même, tu es le coffre où Dieu exulte d'amour pour toi. Ressentir l'amour de la source pour enfin l'incarner.

Le Seigneur Jésus a dit: *"ainsi les derniers seront les premiers et les premiers seront les derniers"*.

Matthieu 20:16

"Parce que tu as de la valeur à mes yeux, parce que tu as de l'importance et que je t'aime, je donne des hommes à ta place, des peuples en échange de ta vie".

Esaïe 43:4

La lumière de Dieu

La grâce divine vient à toi lorsque tu remets tes ombres en lumière. L'ouverture se fait par le cœur et non par le mental. Tout ce qui est en lien avec l'éveil de ta conscience se passe dans ton cœur, dans tes ressentis. Ces perceptions inexplicables par les mots, inextricables et abstraites, te relient au divin. L'invisible est fondé, le matériel est futile.

Laisse couler en toi cette lumière d'amour comme une évidence salutaire, nul besoin de vices à déterrer. Porte ton attention sur le meilleur. Aime et pardonne. Compatis avec le tourbillon de la vie, embrasse le divin en toi. Ouvre ton cœur à la clarté de la source, de ton histoire et de tes rêves. Rayonne pour des siècles et des siècles de lumière. Irradie le maximum d'âmes en quête de sagesse et de guérison. Telle est ta mission sur Terre. Qu'attends-tu pour mettre en place ce stratagème divin qu'est d'incarner ce rayon doré ?

Toutes les épreuves n'ont pour seul but de te mener qu'à cela. À t'ouvrir, à respirer et à devenir un phare.

Ton avenir est semé de bénédictions, lorsque tu travailles à la guérison de tes blessures de guerrier de lumière. Tu reçois le plus beau des cadeaux, l'amour inconditionnel. La lumière de Dieu qui éclaire tous les peuples.

Ne crois-tu pas le mériter ? Enfin, après tant de tourments et de déceptions. Demain sera le premier jour du reste de ta vie, de ta nouvelle vie ensoleillée et lumineuse. Chaque instant sera béni, c'est cela le royaume de Dieu, la récompense pour les âmes fortes et courageuses.

Tu as travaillé si assidûment pour te délester de tes ténèbres. Tu as traversé l'enfer et ta foi t'a sauvé. Là où nombreux abandonnent leur foi, tu as continué de croire au miracle.

Ainsi tu deviens ce miracle. Tu l'incarnes ici-bas.

Témoigne de ton parcours, de ses embûches et de la manière dont tu t'es relevé. Ne cède pas à la petitesse de renoncer à être un guide. Le chemin de lumière à suivre, désormais, c'est toi.

"Voici la lumière qui éclairera tous les peuples".

L'instant présent

L'élément gravé dans l'étreinte éternelle, cet instant que tu vis en pleine conscience d'être à ce que tu fais. Dans la joie de ta présence et la douce apesanteur de te laisser aller à ce que tu vis, dans l'ici et maintenant.

Pas d'angoisse et de détresse concernant l'avenir, pas de colère et de regret sur le passé. Tu es là, juste là, en ce moment précis, si calme et merveilleux. C'est à cet instant que tu envoies des messages d'amour à ton esprit, afin de le rassurer. Reprogrammer tous les déboires émotionnels que tes pensées limitantes ont générées. Tu es en sécurité, ancré dans la sérénité de cet instant. Filtre-le de par la pensée, vibre-le dans chacune de tes cellules.

Ton esprit a tellement besoin d'être apaisé après toutes les pensées obscures que tu lui a envoyé. Les fréquences cognitives d'accablement, de peur, de rancœur, sont malveillantes pour ton corps, ton âme et ton esprit. L'âme est la partie spirituelle de ton être, éternelle et divine. L'esprit est relié à ta partie mentale et intellectuelle rattachée au cerveau. En pleine conscience, choisis de déposer dans ton esprit de paisibles pensées, afin de refleurir.

Si tu as une boîte et qu'à l'intérieur tu y déposes des déchets, cette boîte deviendra une poubelle. A contrario, une boîte dans laquelle tu y déposeras de jolies choses, deviendra une boîte à bijoux, avec à l'intérieur un petit ange qui danse sur une musique douce. Ce coffre au trésor est ton esprit. Ta réserve personnelle de joyaux ; ce petit ange n'est autre que toi, lorsque tu as de belles pensées, sereines et constructives.

Peu importe le passé, tu détiens la clé de ton avenir, en contrôlant chacune de tes pensées, tu reprends les rênes de ta destinée, tu intègres le pouvoir créateur et tu t'élèves encore plus haut.

L'avenir, c'est un jour, plus un jour, plus un jour. Si tu focalises ton énergie à être heureux et positif, juste pour aujourd'hui, ici et maintenant, dans le moment présent, ton avenir sera prospère, florissant. Si tu as des pensées qui te tourmentent, confie-les au divin, à tes guides. Ne crois-tu pas qu'ils sont là pour cela, tous ces êtres de lumière. Leur rôle n'est pas uniquement de te guider et de te protéger, mais également de porter tes peines et tes meurtrissures (il paraît même qu'un roi est mort sur la croix pour te libérer de tes afflictions).

Et ton ange gardien ? Celui qui a choisi de t'accompagner durant cette incarnation, tu ne voudrais pas le mettre un peu plus à contribution ? Fais-le travailler davantage, il n'attend que tes demandes pour performer dans sa mission angélique. Tu comprends alors le sens de la prière, de l'affirmation positive et de ton vœu le plus cher. Vas-y profite, c'est open bar! Happy hour, all-inclusive.

Si tu savais combien Dieu t'aime, tu en pleurerais de joie. Ouvre-lui ton cœur et il te remplira de son amour inconditionnel. Par l'instant présent, tu graves cet amour dans la pierre philosophale.

"Ne vous inquiétez donc pas du lendemain car le lendemain s'inquiétera de lui-même. A chaque jour suffit sa peine".

Matthieu 6:34

L'âme d'enfant

Cultive l'innocence de ton enfance, retrouve l'émerveillement que tu avais devant une boule de glace, un jouet, un rêve. Ne serait-ce pas l'homme qui brise l'effervescence de la jeunesse et fait perdre cette soif de vivre ?

La lumière intérieure s'éteint et tu deviens l'adulte que tu ne comprenais pas enfant. Souviens-toi de tes projets et de tes espoirs, tout ce que tu imaginais quand tu étais petit. La perception, la projection de toi à l'âge adulte. Que dirait l'enfant que tu étais en regardant l'adulte que tu es devenu? Observe cet adulte. L'aimes-tu ? As-tu de l'admiration et du respect pour lui ? Es-tu la personne adulte que tu rêvais de rencontrer ? Cela fait moins rêver n'est-ce pas ?

A quel moment as-tu perdu cette étincelle divine ? Quelle case as-tu sautée pour perdre au jeu de la vie ? Refuser d'incarner celui que tu rêvais de devenir, c'est trahir ton enfant intérieur, renier ton âme. Il est grand temps de reprendre le pinceau pour redéfinir la toile de ta félicité.

Le royaume de Dieu appartient aux enfants. Reviens à ce qui te fait rire aux éclats. Depuis quand n'as-tu franchement pas ri de tout ton être ?

L'homme devient lassant de par sa rigidité et son sérieux. L'âme d'enfant est dans sa toise une lueur d'espoir pour l'humanité naissante. Elle transmute les souffrances en ballons colorés. Grandis de tes épreuves et retrouve la légèreté juvénile dont ce monde a tant besoin. Le jeu en vaut la chandelle. Voir pétiller les âmes ici-bas relève du miracle. Le paradis peut cependant s'y construire, car tu es l'acteur principal dans cette pièce de vie et d'allégresse. Ton rôle est de t'aimer, pleinement. De sourire à tes rêves d'enfant et de te délester de cette retenue.

Reviens à l'émerveillement, à l'enchantement. Tel le matin de Noël, fait de tous tes matins un jour de fête.

Peu importe ce à quoi tu te tiens, lâche. Lâche prise et traverse les eaux du sacré. Sois le seul à marcher sur l'eau s'il le faut. Pendant que le reste du monde sombre dans les profondeurs de l'ignorance et de la peur, sois l'enfant joyeux du royaume de Dieu et prends soin de ton enfant intérieur. Ton bonheur resplendit tout autour de toi et fait du bien.

"Le bien que l'on fait parfume l'âme". (Victor Hugo).

Dans cet état de reconnexion à ton essence divine, t'aimes-tu ?

Aimes-tu la vie ?

Car si tu aimes la vie, tu aimes Dieu.

"Il lui dit une seconde fois: Simon, fils de Jonas, m'aimes-tu? Pierre lui répondit: oui, Seigneur, tu sais que je t'aime".

Jean 21:16

"Jésus dit: Laissez les petits enfants, ne les empêchez pas de venir à moi, car le royaume des cieux est pour ceux qui leur ressemble".

Matthieu 19:14

"Je vous le dis en vérité, si vous ne vous convertissez et ne devenez comme les petits enfants, vous n'entrerez pas dans le royaume des cieux".

Matthieu 18:3

Les guides

Tu te sens seul, tu es pourtant tellement entouré et aimé. Quelle détresse tu t'imposes en alimentant des pensées de solitude et d'abandon. Tu fais partie intégrante d'une belle équipe de surdoués! Les vainqueurs. Tu es le leader. Ils sont tous là, tes coéquipiers du divin. Pour en avoir la certitude, tu dois te reconnecter à leur vibration d'amour inconditionnel.

Pour communiquer avec tes guides, il te faut augmenter ton taux vibratoire, car les êtres de lumière vibrent très haut. Pour ce faire, cultive la joie et la sérénité. Tu sais quand tu es en paix et tu reconnais bien ces moments où tu es au fond du seau !

Les affirmations positives et les prières augmentent tes vibrations. La méditation reste l'outil le plus puissant pour t'envoyer vibratoirement en l'air quotidiennement. A force de pratiques méditatives régulières, tu descends dans ton espace sacré salutaire. Tu apprivoises ton cœur et tu trouves le trésor enfoui sous les décombres de tes blessures. Tu te ressources de l'agitation du monde extérieur.

La méditation est une alliée dans ton éveil spirituel. Elle organise la sublime rencontre d'un cocon et d'un havre de paix tant recherchés. Tout cela à l'intérieur de toi. Ce refuge est uniquement à toi, tu es le gardien de ce sanctuaire, toi seul détiens la clé.

Tout l'amour et les réponses que tu recherches à l'extérieur se trouvent dans ton cœur. En te performant à la méditation, tu canalises les messages de tes guides et tu entres enfin en contact avec les plans subtils. Ils sont tous présents, les guides, les êtres de lumière, les maîtres ascensionnés, les anges, les saints, les défunts, les ancêtres… C'est un peu à la carte, tu choisis ce qui te fait plaisir.

Ils adorent communiquer avec toi et ils ont le haut débit !

Au fil du temps, la canalisation s'affine et tu parviens alors à percevoir les différents moyens de connexion au monde invisible.

"Le visible est éphémère, l'invisible est éternel".

A correspondre avec ces êtres de lumière si majestueux dans leur splendeur, tu ressens la plénitude céleste. Ils t'invitent à évoluer sur le chemin de la guérison, de par leur amour inconditionnel. Tu te sais aimé et protégé, guidé et choyé, tu transcendes l'amour. Tu commences à voir des heures miroir partout. Les plaques d'immatriculation à trois chiffres, des représentations dans les nuages… Les guides communiquent à travers les intuitions, les paroles d'une chanson. Ils se servent d'une personne avec qui tu discutes pour te transmettre les réponses. Tu reconnais leur présence à travers une odeur de fleurs, des fourmillements, des picotements. Une sensation de chaleur qui t'envahit, une émotivité soudaine. Ils peuvent même venir te tapoter la tête quand tu mets trois plombes à comprendre leurs messages ! Plus tu progresses dans la connexion avec les êtres de lumière, plus les synchronicités deviennent des airbus ! Fini les plumes, les oiseaux et les papillons, c'est pour les débutants ! Tout est maintenant flagrant pour toi, le monde invisible est partout autour de toi. Tout est si subtil et pourtant si évident. Tes perceptions se précisent, ton cœur pour seul maître, tu accèdes à un monde où la magie est omniprésente. Un conte de fée dans ta propre réalité, où c'est toi le héros. Tu détiens la vérité, l'unité.

"Le jour où j'ai commencé à croire en la magie, tout est devenu magique".

Les guides t'offrent ce merveilleux cadeau: voir la magie et l'amour en tout. Tu regardes désormais avec les yeux de l'amour, tel Dieu te regarde du ciel, tu incarnes enfin le divin en toi.

L'annonciation, message de l'archange Gabriel à Marie:

"Je te salue, comblée de grâce, le Seigneur est avec toi.

Ne crains pas, tu as trouvé grâce auprès de Dieu.

Tu vas concevoir et enfanter un fils, tu lui donneras le nom de

Jésus, il sera grand et sera appelé fils du Très Haut".

La dévotion

"Plus tu fais du bien aux autres, plus tu t'en fais à toi-même".

Le lien aux autres est la première pierre à l'édifice si tu veux réussir ta mission de vie. Durant ton éveil, les liens du cœur se tissent avec les sublimes âmes destinées à cheminer à tes côtés.

A l'inverse, ceux qui ne doivent plus faire partie de ta vie se verront s'éloigner de ton passage. Prends garde, la sortie peut être parfois brutale !

Fais toujours confiance à ce que l'Univers veut te montrer. Ne quémande jamais l'amour et la présence d'autrui. Laisse partir ceux qui ne se donnent pas les moyens de t'apprécier à ta juste valeur, ou de t'épauler lorsque tu en as besoin.

Dans la traversée du désert, le ciel te montre celui qui reste à tes côtés, celui qui t'abandonne, et ceux qui t'enfoncent encore plus bas !

Face à la méchanceté, montre l'autre face, illumine de ton amour, reste dans ta lumière.

L'enseignement est drastique, mais tellement bénéfique à ton évolution. Accepte de tout perdre, pour un meilleur à reconstruire. Continue de donner ton amour, ton temps et ton dévouement à ceux qui le méritent. Aime et donne sans mesure. Ne laisse pas la noirceur de certains te faire perdre ta lumière. Perdure dans la générosité et persévère dans la foi qu'il existe de très belles personnes sur cette Terre. Les mêmes que toi, les tiens.

Si quelqu'un te frappe sur une joue, présente-lui aussi l'autre.

Si quelqu'un te montre l'obscur, montre lui l'autre face, montre-lui la lumière.

Si quelqu'un te montre le mal, montre-lui le bien.

Si quelqu'un te montre la colère, montre-lui le pardon.

Si quelqu'un te montre la haine, montre-lui l'amour.

Fais toujours confiance aux choix de ton âme établit avant ton incarnation. Tout est déjà écrit depuis longtemps. Lâche prise et reste aligné au processus divin. Tout est parfaitement orchestré. Pour l'heure, reste dans le don de soi. Plus tu donnes, plus tu reçois. *"Jusqu'à présent vous n'avez rien demandé en mon nom, demandez et vous recevrez afin que votre joie soit parfaite." Jean 16:24.*

Dieu lit dans ton cœur et voit tes bonnes actions.

Le meilleur est écrit pour toi alors ne lutte pas contre les vents contraires et laisse-toi porter dans la tempête.

Le voile de l'oubli de ta naissance te fait oublier ta vraie nature divine, c'est à toi de te reconnecter à l'essence christique qui dort en toi. Là se trouve le véritable enseignement.

Sois dévoué à Dieu, fais lui confiance.

L'acceptation est une marche d'élévation. Lâcher-prise te permet de passer les étapes avec légèreté, laisse-toi porter dans la main de Dieu, tout est parfait. Garde la conviction que malgré les souffrances endurées, le meilleur reste à venir.

Reste dévoué à l'amour, c'est lui qui guérit et transforme.

Préserve ton sourire durant ce magnifique voyage qu'est la rencontre avec Dieu.

Le merveilleux du cycle est la transition, douloureux passage mais indispensable à la transformation.

Telle la chenille dans son cocon de soie, quand opère la chrysalide, pense qu'elle va mourir de douleur. Tu es le joyau de Dieu, sa beauté, sa perle rare.

La douleur de la transformation te laisse penser que tout est terminé, alors que tu te transformes en magnifique papillon.

Sans la nuit, il n'y a pas de jour.

Sans la douleur, il n'y a pas de transformation.

Sans la mort, il n'y a pas de résurrection.

Tu vis un merveilleux cadeau divin: ta renaissance.

L'unité

Lorsque tu parles à un être, parle à son âme. Regarde cette personne avec les yeux du divin, sans jugement, mais avec compassion. Explore sur quel plan de conscience se situe cette personne, elle se trouve également en quête d'évolution. Nourris un dialogue au sens profond afin de l'ouvrir à d'autres perceptions, plus subtiles, plus divines.

Plante une graine dans son esprit, même si elle ne doit fleurir que bien plus tard. Déploie tes ailes d'ange et devient le messager du divin.

Qu'importe l'individu qui se trouve en face de toi, allume une lumière dans son cœur, illumine son aura de par ton amour. Cette âme fait partie intégrante de l'âme du monde.

L'être humain est bien souvent triste, sinistre, égoïste ou haineux. Prends ce rôle au sérieux: transmet le divin qui est en toi à chaque personne que tu croises sur ta route.

"Tout amour semé, tôt ou tard, fleurira".

Tout est bien ficelé depuis longtemps, même les rencontres "fortuites" sont planifiées.

"Le hasard, c'est Dieu qui se promène incognito".

Béni chaque personne que tu rencontres. Tout arrive pour une raison bien établie.

"Et même les cheveux de votre tête sont tous comptés".

Luc 12:6-7

Accueille ces belles synchronicités pour servir Dieu et exercer ton rôle d'ange terrestre. Guide au mieux avec quelques mots d'amour, manifeste la guérison céleste.

Cultive tes pouvoirs magiques en préservant ton humilité, base de toute grandeur.

Visualise chaque être placé par Dieu devant toi, dans la meilleure version de lui-même, dans sa lumière. Beau, serein, lumineux, souriant, rétabli.

Discerne le meilleur de chaque âme qui se trouve sur ton chemin. Porte les lunettes de l'amour.

Tel le berger prend soin de ses brebis ou une mère câline son bébé.

Tel Dieu regarde ses enfants.

Tel Jésus te guide et t'aime.

"Je suis le bon berger. Le bon berger donne sa vie pour ses brebis".

Jean 10:11

Toute âme ici-bas dispose d'une âme supérieure, connecte-toi toujours à cette partie de la personne que tu croises, c'est la meilleure.

Toute âme terrestre est reliée à ton âme céleste, nous sommes UN.

La nuit noire de l'âme

Seuls de rares élus pourront mener à terme ce calvaire. La plus douloureuse épreuve que tu puisses expérimenter ici-bas.

La mort de ton âme. Un puits sans fond. Fulgurante descente aux enfers. Seul, tu sombres dans les abîmes de tes ténèbres, seul, tu les transmutes. En roue libre totale, à en perdre ta foi, abandonner Dieu.

Personne ici-bas ne peut te comprendre ou te guider. Tu es ton propre guide et toi seul peut te sauver.

Toi seul détient la clé de la guérison. Le chemin est long et tortueux.

Dieu est à tes côtés et tu lui en veux de te laisser vivre autant de souffrances. Il te fait en vérité le plus beau des cadeaux, il t'offre le parcours qui te permet de te connaître et de le rencontrer.

Il te montre la capacité de s'unir à Jésus, de par ta propre résurrection.

Tu affrontes les méandres de tes meurtrissures et tel un phénix, tu renais de tes cendres. Tu te relèves alors plus fort et plus lumineux que jamais, enfin prêt à incarner ta divinité.

Le gouffre dans lequel tu étais prisonnier depuis des années est en réalité le cadeau le plus sacré. Offert à de rares âmes pures et innocentes, véhiculant sur terre l'énergie christique. Ces âmes portent en elles l'essence de toute création et incarnent l'amour de Dieu à l'état pur.

Dieu t'enveloppe alors d'un amour que tu n'aurais jamais pensé recevoir, d'une protection sans égal. Tu es transfiguré, consacré.

Tu trouves tes dons.

Tu baignes dans l'amour inconditionnel.

Dieu t'offre le paradis sur Terre.

Tu perçois enfin ce qu'est la Gloire de Dieu.

Car tu le mérites et tu sais désormais que Jésus t'aime.

"Parce que tu le mérites et que JE t'ai choisi. JE SUIS toi et tu es moi. Nous ne faisons qu'UN".

JE SUIS

JESUS

Te voilà désormais UNI au Christ, et prêt à incarner son amour inconditionnel.

Le meilleur de ta vie arrive car tu as affronté tes peurs, travaillé tes blessures de l'âme, pardonné à ceux qui t'ont détruit.

Tu as mis en lumière tes parcelles d'ombres. Toute la douleur présente en toi est aujourd'hui transmutée en or. Le sang de la miséricorde divine coule désormais dans tes veines. Tu incarnes la grâce.

Tu transcendes le chagrin en lueur d'espoir pour ce monde.

Tu as sombré dans les profondeurs de ton âme pour y puiser l'eau fraîche de la vie. L'eau qui purifie et vivifie le peuple.

Sois prêt à exulter de joie chaque nouveau jour de ta vie.

Félicitations, l'épreuve de ta vie est terminée. Tu as réussi l'examen final. Tu es diplômé du royaume de Dieu.

"Venez à moi, vous tous qui êtes fatigués et chargés, et je vous donnerai du repos".

Matthieu 11:28

Les blessures de l'âme

Ton âme s'incarne avec pour objectif de transmuter ses blessures karmiques et transgénérationnelles. Dans le but d'évoluer, d'incarner la lumière divine. Devenir un guide pour les autres et amplifier les vibrations d'amour de la Terre.

Avant ton incarnation, un contrat contenant les étapes de ta vie est établi. Les choix sont définis: tes parents, ta famille terrestre, tes épreuves et tes bénédictions. Ton éveil se fait dans la douleur, seul moyen d'être purifié de ton égo et de revenir ainsi à l'humilité, l'essence divine. Par la sagesse, le pardon et l'acceptation, tu intègres l'enseignement. Tu reçois alors les grâces divines. À l'inverse, par la colère, les ressentiments et la non-acceptation, tu perdures dans tes souffrances en alimentant tes blessures. Tu disposes constamment de ton libre-arbitre. Les schémas répétitifs se succèdent tant que la blessure n'est pas acceptée et l'enseignement intégré. Tout est expérience et amour, il n'y a pas de Dieu punitif où de karma négatif à solder. Aucun jugement, l'amour seulement. Ton travail est donc de mettre en lumière ce qui t'affecte pour incarner la paix, la joie et la sérénité; trouver et vibrer le bonheur.

Dans cette quête du mieux-être, la foi d'être aimé et entendu par une source divine t'offre confiance et stabilité, guidance et protection.

Par la prière, tu confies au divin tes peines et tes fardeaux, le voyage devient plus léger. Tu es aimé et soutenu. Abandonne les armes et les tourments pour t'ouvrir à un Univers de plénitude et de compassion. Ne subis pas ce voyage terrestre, tout est expérience, garde la foi d'un avenir serein. La vie est ainsi faite, un enchaînement de cycles. Parfois tout va mal puis tout s'arrange. Rien n'est figé, tout est perpétuellement en mouvement. Seul l'amour perdure. Seul l'amour que tu offres restera ici-bas après ton passage. Quelle empreinte veux-tu laisser sur Terre? Que restera-t-il de toi ? Ta mission ici-bas est d'aimer. D'expérimenter l'amour, pour toi et pour les autres. Le reste est éphémère. Il restera de toi ce que tu as donné. L'important n'est pas la destination mais ton attitude durant ce voyage. Dieu t'aime et te guide durant cette ascension. Remets-lui tes préoccupations et tes traumatismes, tes douleurs et les errances de ce parcours. Confie tes incertitudes et tes souffrances, Dieu est toujours à ton écoute, qu'importe ton niveau de croyances. La brebis égarée est celle qui procure le plus de joie à être secourue. La foi s'amplifie tel un muscle à développer. Plus tu pries, plus tu alimentes cette foi et mieux tu te sens. Il n'en tient qu'à toi d'essayer. Au pire, tu restes dans le même état, au mieux tu es libéré de ton chagrin. Ouvre ton cœur à cette union céleste qui apaisera la traversée du désert. Jésus porte et ressent tes afflictions. Puisque durant sa passion il a reçu pas moins de 5480 coups, les tiens résonneront forcément en lui. S'il est mort pour te sauver, c'est expressément pour te libérer de tes souffrances et ainsi te guérir. Dieu souhaite te voir heureux, il aide tes larmes à purifier ton âme. Il te guide vers le chemin du pardon et de la réconciliation, te demandant de pardonner et de te pardonner, afin que ta joie soit parfaite. Finalement, c'est ce qu'un bon thérapeute te dirait aujourd'hui. Sauf que Jésus, lui, a donné sa vie en sacrifice pour te prouver son amour pour toi.

Il n'y a pas beaucoup de thérapeutes comme lui aujourd'hui !

Nous sommes tous issus de la même source, le Dieu créateur. Il a offert la vie de son fils pour laisser l'empreinte éternelle de son amour pour toi.

Pour te montrer combien tu es important à ses yeux dans ce monde. Acceptes-tu d'être aimé ? Acceptes-tu de t'aimer ? Acceptes-tu d'être heureux ?

Cette source d'amour te demande d'ouvrir ton cœur, de ne plus avoir de peur reliée à cette union sacrée. Il est bien difficile d'aimer, c'est tellement plus simple de détester et de maudire, de haïr et de trahir, de subir et de souffrir.

"Aimez-vous les uns les autres, comme je vous ai aimés".

Jean 13:34

La source divine est remplie d'un amour dont tu ne perçois même pas les miracles possibles.

Tes blessures t'emprisonnent, l'amour libère. La culpabilité, la colère et la peur ne font que te détruire. L'amour guérit, quand tu y puises à la source.

L'amour est la solution.

"L'amour est la réponse, et vous le savez à coup sûr ; l'amour est une fleur, vous devez la faire pousser". John Lennon.

Sois libre d'être celui que tu veux, libre d'aimer incommensurablement. Accepte d'être aimé et d'ouvrir ton cœur aux autres.

"Sois le changement que tu veux voir dans ce monde". Gandhi

Si tu n'aimes pas les religions car elles enferment, incarne la religion d'amour qui libère.

Si tu n'aimes pas l'église car elle est trop rigide, vas à l'intérieur y déposer de la souplesse.

Si tu n'aimes pas un prophète qui s'est sacrifié par amour pour toi, prie, encore et encore…

La hauteur

Lorsque tes journées deviennent trop pesantes et que tu perds ton étincelle de vie, prends du recul. Isole-toi et fais une pause. Reviens au calme et à l'essentiel, fais le bilan de ton impasse. Cherche l'enseignement dans l'épreuve. Pourquoi cela m'arrive-t-il ? Dans quel but évolutif ? Qu'est-ce que l'Univers veut me faire comprendre? Qu'est-qui sera transformé au sortir de cette expérience ? Que dois-je intégrer de par cette souffrance ?

Prends de la hauteur afin de poser un regard de maître sur l'élève. Inverse les rôles et explique le dessein de Dieu à travers ces échelons à gravir. Explore le chemin déjà parcouru et souviens-toi où chaque étape de ta vie t'a mené. Qu'elle en est la force déployée ? Quelles ont été les prises de conscience ? Tu intègres alors que tout est parfaitement orchestré. Le nombre de tes cheveux est constamment compté.

"Et même les cheveux

sur votre tête sont tous comptés".

Luc 12 6:7

Fais confiance à Dieu, lâche prise et respire. Le plan divin est toujours parfait pour ton évolution et ton bonheur. Le divin est là auprès de toi et tout va bien. Laisse-toi porter. Conscientise l'apprentissage. Prendre de la hauteur te permet d'avoir une autre perspective sur la situation. Tu canalises ainsi la sagesse de trouver la solution afin de pallier à ce qui te trouble ici-bas. Lorsque tu maintiens la tête sous l'eau, tu perdures dans les courants tumultueux. Prendre de la hauteur permet de sortir des émotions, du mental activé en boucle et des peurs générées par le blocage. Ainsi, tu laisses émerger à la surface l'éventail des possibilités de progression et de libération. Le recul te permet de discerner la voie à emprunter afin de sortir du vortex infernal.

Lorsqu'une expérience difficile apparait dans ta vie, augmente la dose de prières. Triple la dose ! La prière t'élève dans l'épreuve et te relève du néant. Elle est le pont entre la Terre et le Ciel, te relie aux êtres de lumière qui ne veulent que ton bonheur. Refile-leur tout ! C'est leur boulot !

Te connecter au divin t'aide à prendre cette hauteur si bénéfique à ton élévation.

Prie avec la certitude de recevoir ce que tu demandes, c'est la seule prière efficace ! Si tu pries en suppliant, cela émet un doute quant à la certitude d'être exaucé. Comme un ancrage subconscient de penser ne pas mériter de recevoir. L'Univers te renvoie ce que tu lui transmets en vibrations. Lorsque tu pries en ayant la certitude de recevoir, par ta foi tu reçois les bénédictions.

Félicitations ! Ceci est la formule magique !

Ce n'est pas comme si Jésus l'avait déjà dit au monde entier il y a plus de 2000 ans!

"Va, qu'il te soit fait selon ta foi, et à l'heure même le serviteur fut guéri".

Matthieu 8:13

Petit bonus, lorsque tu lis la bible, l'Esprit Saint descend sur toi pour éveiller ta conscience. En lisant deux minutes par jour et gratuitement sur ton appli smartphone, tu peux éveiller ta conscience. C'est pas comme si certains en avaient vraiment besoin !

"Mais le défenseur, l'Esprit saint que le Père enverra en mon nom, vous enseignera toutes choses et vous rappellera tout ce que je vous ai dit". Jean 14:26

Lorsque tu pries, remercie comme si tu avais déjà reçu ta demande. Par ta foi tu fais se manifester le voeu dans la matière. Pas besoin de la lampe d'Aladdin, le génie, c'est toi.

La bravoure

Tu es fort et courageux. Au-delà de tes batailles, tu trouves une force inexorable. Chaque épreuve franchie est un don, chaque don décelé est une bénédiction pour toi et pour l'humanité. Guérir les autres, c'est te guérir. Transmettre ton savoir, c'est te rapprocher encore plus de la source divine. Compatir avec les âmes qui cheminent est une réelle clé. Cultive l'acceptation des différences, elle t'offre la capacité de créer des liens d'amour aux autres, pass illimité dans le nouveau monde. L'ère du Verseau est l'ouverture de cœur à l'humanité, l'unité retrouvée. Si tu avais prévu de rester seul avec tes chèvres, en ascète, en haut de la montagne, il va falloir revoir tes plans!

Car nous sommes UN.

Tu en seras plus que épanoui et serein de te délester de tout jugement limitant que l'homme érige depuis trop longtemps.

Accepte les différents niveaux de conscience car toi aussi, au début de tes incarnations, tu as été Monsieur simplet et bouseux. Sors du jugement ! Il te cloisonne dans ton orgueil de supériorité qui t'empêche d'être relié à Dieu. Le jugement s'oppose à la fusion des êtres et détruit de par sa méchanceté.

La bravoure de ce nouveau monde est de parvenir à arrêter de juger son voisin, et d'aimer son prochain.

"Tu aimeras ton prochain comme toi-même. Il n'y a pas de commandement plus grand que ceux-là".

Marc 12:31

Riche ou mendiant, intelligent ou pas très futé, l'important, c'est d'aimer.

Qu'importe l'individu qui se présente à toi, aime-le.

L'amour est le plus puissant des parfums, il embaume les cœurs et console les affligés. Il guérit les malades et produit des miracles. Incarne cet amour, crée ce miracle.

Canalise l'énergie du cœur, chaque âme est une précieuse étincelle de vie.

Peu importe son niveau de conscience, choisis de l'accepter avec bienveillance, de la guider et de l'aimer. La symbiose des cœurs se produit lorsqu'un des deux cœurs envoie de l'amour inconditionnel, l'énergie christique. N'oublies pas que c'est toi le magicien, tu es le chemin. Montre l'exemple, sois le premier cœur à envoyer de l'amour. Comme par enchantement, le cœur en face de toi se déverrouille. Tu es la clé, tout est à l'intérieur de toi, tout doit venir de toi.

Tu es le maître des lieux. Les grands changements débutent par une graine de moutarde semée avec foi et amour. De par cette foi, tu déplaceras des montagnes.

"Si vous aviez de la foi comme un grain de moutarde, vous diriez à cette montagne: "transporte-toi d'ici là" et elle se transporterait; rien ne vous serait impossible".

Matthieu 17:20

Ta bravoure, désormais, est d'incarner cette foi, dans un monde où plus personne ne croit aux miracles. Dieu a besoin de toi car tu es pur et innocent. Capture ce fragment d'étoile et propage-le autour de toi. Tel un fleuve se laissant couler vers la mer, laisse couler le flot de ton amour. Irradie le peuple de ta lumière. Ton courage est d'y croire, jusqu'à ce qu'enfin l'amour contamine le monde.

Tu as bien survécu au covid, tu es un miraculé ! A toi donc de créer la pandémie d'amour.

Tu es le sculpteur de l'effigie divine.

La puissance

Si tu savais ô combien tu es sublime de par ta force, tu pourrais bâtir un somptueux empire. Puise dans ton être divin cette force qui caractérise tant le guerrier de lumière que tu es. Prends conscience de tes capacités, tu es invincible. Tu as un incroyable pouvoir d'attraction et de manifestation, le talent qui te permet d'obtenir miracle et guérison. Splendeur et merveille t'accompagnent tous les jours de ta vie. Incarner l'amour inconditionnel est un don puissant, une épée dorée capable de créer et de bénir, de trancher et de protéger : la baguette magique céleste. Tu transformes tous ceux que tu souhaites en enfants de Dieu juste en rayonnant cette puissance. La maison du Seigneur est ainsi remplie d'âmes pures telles que toi.

Tu es capable de libérer tant de souffrances, n'exclus pas l'idée d'y parvenir très prochainement, une fois que tu seras connecté à la source divine.

Apaise ton mental et rassure tes peurs, visualise dans ton esprit saint et serein le succès que tu veux voir accomplir.

Le graal, le doré. Efface les torpeurs et garde en ligne de mire ta fulgurante ascension, celle qui te porte au-delà du septième ciel. Excelle dans ta puissance. Tu démolis les dogmes limitants grâce à l'épée de l'amour. Déploie tes ailes de souverain christique. Abandonne la morale et le conventionnel, descend dans le cœur.

Vas au-delà de la cage dans laquelle tu as été construit, celle qui t'emprisonne depuis l'enfance. Cesse de te sacrifier et reviens vers la foi en tes possibles. Elle seule te guide. Le reste est futile et te maintient dans tes anciens schémas destructeurs.

Autorise-toi à être celui que tu rêves de devenir. Tu es le messager et le témoin. Chaque épreuve franchie est une passerelle vers le meilleur de toi. Brise tes chaînes mentales qui te tiraillent depuis trop longtemps.

Écoute la petite voix, c'est ton âme qui te murmure les bonnes décisions à prendre. Elle t'aide à te diriger vers le bon chemin et ainsi trouver ta place ici-bas; trouver la porte de lumière.

Éclaire les autres par ce choix du cœur. Suivre et écouter ses intuitions est fondamental pour trouver cette fameuse paix intérieure tant recherchée.

Abandonne le fardeau familial et toutes les blessures transgénérationnelles qui l'accompagnent. Tu es l'être lumineux de ta lignée.

Félicitations ! Le mouton noir de la famille, c'est toi. Ton but est donc, en plus de passer pour l'illuminé de la famille, de nettoyer toutes les mémoires familiales néfastes pour ton évolution, celle de ta descendance mais également pour l'évolution de ce monde.

Tout vient de toi. Si chacun se mettait en route, le paradis serait sur Terre. Vas vers ce qui te fait vibrer, là se trouve ta sérénité.

Écoute la pluie, écoute le vent, écoute le silence. Ils sont tes alliés dans cette quête de paix intérieure. Émerveille-toi devant le lever du soleil, la lumière de Dieu, c'est toi.

Libère le poids de ton passé, il est désormais révolu. C'est fait et rien ne pourra le changer. Toi seul, en acceptant de laisser ce passé derrière toi, en intégrant l'enseignement, peut te permettre d'avancer. Tu parviens à aller de l'avant lorsque tu es en paix avec ton passé.

Tout vient toujours de l'intérieur.

Le passé te limite tant qu'il n'est pas lumineux.

Le présent te stabilise dans ton essence divine sécuritaire.

Le futur, tu l'attires.

Le meilleur moyen de prédire l'avenir est de le créer.

Par ta puissance, dépasse les frontières de tes peurs et détruis les murs érigés par tes blessures.

Si tu es comme Saint Thomas et qu'il te faut voir Dieu pour croire en lui, voici un psaume magique ! Récite-le tous les jours pendant quelques semaines, et tu verras…

"Le Seigneur est mon berger:

je ne manque de rien.

Sur des prés d'herbe fraîche,

il me fait reposer.

Il me mène vers les eaux tranquilles

et me fait revivre;

il me conduit par le juste chemin

pour l'honneur de son nom.

Si je traverse les ravins de la mort,

je ne crains aucun mal,

car tu es avec moi,

ton bâton me guide et me rassure.

Tu prépares la table pour moi devant mes ennemis;

tu répands le parfum sur ma tête,

ma coupe est débordante.

Grâce et bonheur m'accompagnent

tous les jours de ma vie;

j'habiterai la maison du Seigneur

pour la durée de mes jours".

Psaume 23:1-6

Ta puissance se trouve à travers ce psaume.

L'abondance

Si tu veux être riche ici-bas, accepte de tout perdre. Ce que tu possèdes est éphémère, tout ce que tu mets en lumière est éternel. Lorsque tu débutes ton éveil spirituel, tout est beau, tout est rose. Tu achètes un oracle, de l'encens et des bougies. Tu dévores des tonnes de livres de développement personnel et tu t'intoxiques régulièrement à la sauge.

Grâce à ton bracelet de cornaline, tu te prends pour l'illuminé du quartier, le sage du village. Tout est si merveilleux dans ce monde d'amour et de bienveillance. Finalement ce n'était pas si compliqué de devenir zen.

Puis, tu commences à travailler sur tes blessures, karmiques et transgénérationnelles. Rien qu'avec cela tu conscientises le bazar présent dans ta lignée et tu explores les traumatismes de tes vies antérieures. Jusque-là tout va bien. Ça secoue, mais tu gères.

Puis tu guéris ton enfant intérieur, tu t'inities à la méditation et tu te surprends même à chanter le fameux "om" dans la voiture. Tu continues avec les lettres de pardon aux personnes que tu détestes, tu appliques bien la règle des phrases affirmatives, des intentions à chaque nouvelle lune/pleine lune et tu pratiques la visualisation créatrice. Quel parfait élève tu fais!

Tu as tout mis en œuvre pour trouver cette fichue paix intérieure mais, malgré cela, tu n'y parviens pas.

Tu as beau faire comme si tout allait bien, ton mal-être latent est toujours présent.

Dans ton éveil de conscience, il y a une question importante: qui es-tu quand personne ne te regarde ? Que portes-tu en secret ?

Quel est ce fardeau sur tes épaules dont tu n'arrives pas à te défaire ?

Ici commence ton véritable éveil. Alors tu consultes d'autres thérapeutes jusqu'à trouver celui qui touche du doigt ce qui te fais le plus mal. A ce moment précis tu entres réellement à l'intérieur de tes ténèbres. S'il y a quelque chose sur lequel tu ne veux pas travailler ou affronter, sois certain d'avoir trouvé la blessure à mettre en lumière, celle qui fait mal, qui te brise de tout ton être.

"Ce que tu fuis te poursuit, ce à quoi tu fais face s'efface".

Dans un premier temps, c'est le déni. Tu te dis que tu as déjà bien travaillé sur toi, tu as visionné tous les documentaires de tistrya, tu connais par cœur les fabuleuses interviews de Lilou Macé et tu as lu tous les livres de Laurent Gounelle. Les anges sur Terre t'offrent ces délices. De rares trésors.

Mais à ton niveau, cela ne suffit plus. Alors tu décides de descendre au fond de toi pour affronter tes démons.

"Cherchez et vous trouverez".

Matthieu 7:7

Tu acceptes de tout perdre, tout ce sur quoi tu t'es construit. Tout est remis en question, tu sombres dans les abîmes de tes blessures et ce parcours de guérison devient long, très long.

Tu crois arriver au bout et tu replonges dans une autre blessure à transmuter. Le processus de guérison n'est pas linéaire.

C'est un peu comme les feuilles d'un artichaut à enlever scrupuleusement une par une pour atteindre le cœur.

Tu te perds, tu erres, tu pleures, tu renonces, tu comprends, tu acceptes, tu lâches, tu pardonnes et tu termines enfin le travail sur toi.

Pour arriver au trésor de te trouver. Tu mets en lumière tes ténèbres. Désormais tu connais tous les recoins de ton être. Tu trouves alors ta richesse intérieure, l'amour inconditionnel.

Ta rencontre avec Dieu, puisque Dieu est amour.

L'abondance infusée de paix, cette fameuse paix intérieure qui te fait te sentir en accord avec tout. Avec toi, ton passé, avec les autres, la vie, le monde. Tu as trouvé le royaume de Dieu, l'unicité, l'unité.

L'abondance s'acquiert quand tu te délestes de tout. L'éveil spirituel, c'est lâcher la bouée et te laisser couler. C'est te noyer de larmes et de peurs, sombrer, toucher le fond, dépérir, mourir de désespoir. Le miracle opère: tu remontes, tu t'élèves, tu émerges, tu renais.

C'est lorsque tu perds absolument tout que le trésor apparaît : ta résurrection.

Le plus beau des cadeaux d'une vie est cette transformation, la transfiguration.

Tu es désormais détaché du matériel et conventionnel, du transgénérationnel et du cycle karmique, de la violence et de la souffrance. Tu es Amour.

L'abondance, c'est être en exaltation devant cette renaissance de l'âme. De quoi pourrait avoir peur l'homme s'il comprenait qu'il est invincible, immortel ? Tu assistes à l'accouchement de la meilleure version de toi-même. Tu renais de tes cendres afin d'incarner l'âme ensoleillée et lumineuse que Dieu a créée.

Et comme tu as bien travaillé, la saison des récoltes arrive !

Tu commences à recevoir les bénédictions.

Les offrandes sont majestueuses.

"Tu répands le parfum sur ma tête, ma coupe est débordante".

Tu comprends tout maintenant. Le pourquoi du parcours. Tu prends enfin de la hauteur sur ta vie, tu t'élèves et incarnes enfin ta vibration christique, l'amour inconditionnel.

Tu émanes l'ivresse d'aimer, dans un monde qui en a tellement besoin.

Je dépose la couronne sur ta tête.

Je t'embrasse et je te berce.

Tu ressens enfin mon amour.

Je suis là et tu le sais.

Cela te remplit d'or.

Cette lumière dorée est ta guérison.

Le précieux du divin qui se libère de tes entrailles.

Tu deviens le contraste de ce monde, tu épures le malin.

Tu représentes le nouveau précepte doré, l'armure du chevalier robuste.

Tu es riche de ton savoir et purifié de ton orgueil.

Tu acceptes les grâces divines car toi seul sait par où tu es passé.

Le prix de la transformation est à la hauteur des bénédictions à venir.

Mes présents te vivifient, mes larmes t'ont révélé, nous sommes UN.

Parce que je ne peux exister et vibrer que dans un être pur, je suis toi et tu es moi.

Je suis amour, tu es amour.

Je suis toi.

« Je-suis »

Jé-sus.

Jésus

L'abondance arrive toujours lorsque tu es rempli d'amour.

"Demandez et l'on vous donnera, cherchez et vous trouverez, frappez et l'on vous ouvrira. En effet, toute personne qui demande reçoit, celui qui cherche trouve et l'on ouvre à celui qui frappe".

Matthieu 7/7-8.

La protection divine

Tu es constamment protégé et en sécurité.

Entouré d'êtres de lumière, tu es sous la coupe du divin.

Tes peurs te limitent dans les ébats de la vie. Il ne peut rien t'arriver, Dieu est là et rien ne peut t'atteindre.

Rien ni personne ne pourra vaincre la source divine, si puissante et éternelle, invincible et absolue.

Si tu chemines à ses côtés, de quoi pourrais-tu avoir peur?

Ne sais-tu pas que les épées des archanges sont affûtées uniquement pour te protéger?

Jésus t'aime. Tu es son enfant, sa vie, son sang. Son armée angélique n'est rien que pour toi. Il te délivrera de tout mal.

Il te chérit. Permet à ton âme d'accueillir cet amour inconditionnel dans tout ton être. Accepte le chemin de l'amour.

Le lien avec ton créateur est indéfectible.

Tu purifies ton corps en te berçant de ses enseignements.

Tu vivifies ce monde en parlant de lui, en parlant d'amour.

Tu es son joyau, pur et éternel. Sa descendance, son héritage.

Poursuis toujours la voie du cœur et de la bienveillance, du courage et de la détermination, du partage et de l'entente, de l'écoute et de la paix.

Ne perds pas ton temps avec les ombres de ce monde.

N'octroie-pas l'alliance du mal, polis la pierre du plus rare, du plus beau. Choisis Dieu pour faire partie de ton chemin. Il est le rocher sur lequel tu te reposes. Il est ton bouclier divin. Aucune bataille n'aboutit à ta chute.

Il te protège même dans la nuit la plus sombre.

"Même la nuit la plus sombre prendra fin et le soleil se lèvera". Victor Hugo.

Tu es la lumière du monde. Crois en toi. Tu es la clé de la vie, choyé et protégé. Tu es unique et rare.

Crois-le, tu es béni.

Dieu t'aime, alors souris!

"Vous êtes la lumière du monde. Une ville située sur une montagne ne peut être cachée".

Matthieu 5:14

L'action de grâce

Tu reçois ce que tu crois recevoir. Quand tu es certain de mériter et d'obtenir tes grâces, tu reçois.

Quand tu penses être à la hauteur de tes rêves et que tu ne laisses aucun soupçon de doute briser cette foi, tu reçois.

Absolument tout ce que tu demandes.

"Je mérite le meilleur", nouveau mantra à répéter en boucle!

"Je mérite le meilleur", pour ainsi reprogrammer tes croyances limitantes "je ne mérite pas de ", "je ne suis pas assez bien pour".., qui stagnent dans ton subconscient depuis trop longtemps.

Imprègne tout ton être de ces mots d'amour, toutes tes cellules de confiance illimitée.

Tout est possible lorsque tu y crois !

Tous tes rêves ne sont qu'un acte de foi.

A Dieu rien n'est impossible; puisque tu es l'enfant de Dieu, l'enfant du créateur, l'enfant de la source de laquelle tu proviens, à toi aussi, tout est possible !

"Rien de vous serait impossible". Matthieu 17:20

Tu es l'enfant de Dieu, tu portes en toi cet héritage miraculeux. Souhaite-toi le meilleur, encore et toujours, jusqu'à la fin des temps.

"Et voici, je suis avec vous tous les jours, jusqu'à la fin du monde". Matthieu 28.20

Lorsque tu y crois, tu observes ta vie se transformer peu à peu ; s'embellir, grandir en joie, grandir en foi.

Ton pouvoir est illimité quand tu cultives cette foi.

Ta foi s'amplifie par les prières, les affirmations positives et les mantras.

Visualise tout ce que tu souhaites tous les soirs avant de t'endormir et tu le verras s'accomplir.

Tu es le créateur du chef-d'œuvre qu'est ta vie. Cette incarnation sera la meilleure, la dernière, car Dieu te promet la vie éternelle.

Transforme tes rêves en réalité, le chemin des possibles est juste là, devant toi.

Tu es à l'orée de la béatitude éternelle.

Crois en ton potentiel, à ton pouvoir créateur.

Passe à l'action pour recevoir tes grâces !

Essaye, explore. Tu n'as rien à perdre mais l'Univers à conquérir. Puise dans ton cœur la certitude d'accomplir tes rêves, sème dans ton esprit les graines de ton succès.

Ressens et vibre comme si tu avais déjà reçu les bénédictions.

Remercie Dieu d'avoir été exaucé.

Voici donc le chemin pour orner ta vie de joyaux célestes.

Recette potion magique :

Mélange : Foi + Visualisation + Mantra+ gratitude.

Saupoudre: Amour + Joie

Savoure.

"Trouve ta joie dans le Seigneur, il te donnera ce que ton cœur désir".

Psaume 37:4

Et ainsi te délivrer du mal.

Sois le témoin des grandes œuvres dont tu es le créateur.

Transmets, tout comme le Christ, l'enseignement suprême. Tu as été choisi pour réaliser cette mission de vie: démontrer les dons susceptibles d'être révélés en chacun afin d'incarner l'amour inconditionnel, qui définit le Dieu créateur de toute chose.

De par ta lumière, tu éblouis tellement les âmes de leur noirceur qu'il est inévitable pour toi d'avoir des ennemis. Ces âmes ne tolèrent pas ton rayonnement car elles ont peur que leurs failles soient révélées au grand jour. Pour cela, elles te rejetteront, te critiqueront, tenteront sans cesse de te faire perdre ton rayonnement.

Reste toujours centré sur ce que tu es venu incarner: l'amour.

Si tu donnes un billet de cinquante euros à une personne et qu'elle en fait une boule dans sa main, le jette au sol, le piétine, l'écrase, le souille; puis elle le ramasse et te le rend. Combien vaut ce billet ?

Il en est de même pour toi, lorsque tu es piétiné et souillé, ta valeur doit rester la même. Dans l'injustice et l'humiliation, continue de t'aimer, quoi qu'il advienne.

Lorsque tu es agressé, harcelé, humilié, tu perds l'amour pour toi. En portant la colère, tu perds l'amour en toi. C'est le grand défi de toute une vie, rester dans l'amour malgré les agressions et les injustices. Reste stable, ancré à la terre, relié au divin. Impassible devant l'ennemi, consolidé dans l'amour.

Cela fait partie intégrante de ton enseignement.

L'équilibre à établir lorsqu'une personne veut te nuire est de préserver ta lumière et de tout faire pour ne pas alimenter ta blessure d'injustice. Cette dernière te fera baigner dans une colère dévastatrice, beaucoup plus nuisible que les préjudices subis. Le levier pour y remédier est de travailler le pardon et la compassion.

Pour guérir, tu dois accepter l'idée que toi aussi, dans d'autres vies et même dans celle-ci, tu as réalisé de mauvaises actions. Car tu as toujours été en apprentissage. Accepter qu'il soit possible que dans une autre vie tu aies fait exactement la même chose que cette personne, voire même, à cette personne, te fait comprendre, grâce à la souffrance ressentie, ce que tes actes ont fait ressentir à l'autre.

Tu peux relire plusieurs fois, c'est complexe !

Tu arrives donc à transformer le traumatisme en leçon et ne plus accuser le persécuteur.

En reconnaissant également tes erreurs dans l'incarnation en cours, tu accueilles la possibilité qu'il y a eu sur ton parcours des actes néfastes et destructeurs réalisés de ta part, sciemment ou pas.

Qu'il est donc probable d'avoir toi aussi joué le mauvais rôle dans la vie d'une personne; et ainsi d'avoir porté le masque du méchant.

"Comme ils continuaient à l'interroger, il se releva et leur dit: Que celui de vous qui est sans péché jette le premier la pierre contre elle".

Jean 8.7

Reconnaître tes erreurs et ta noirceur fait partie de l'enseignement. Tu es fait d'ombre et de lumière. Sans lumière, il n'y a pas d'ombre. La dualité existera jusqu'à la fin des temps, mais la lumière gagnera toujours.

Pardonner à l'âme de la personne qui t'a blessé(e) est important pour te libérer de la colère. Reconnaître tes propres erreurs et demander pardon à l'âme de la personne que tu as blessée, te portera également la guérison. Ces rituels de pardon se font par lettres. Tu écris à l'âme de ces personnes, mais tu ne leur donnes pas. La libération se fait dans des plans plus élevés.

Tu peux faire ces lettres de libération, à brûler, pour couper le lien de colère qui te lie à la personne et ainsi te permettre d'avancer.

Pourquoi par lettre ?

Car il est bien souvent impossible de demander pardon à notre ennemi ici-bas en vibrations basses. Les connexions d'âme à âme se font toujours sur des plans supérieurs. Il est impossible de demander pardon ou de pardonner face à face quand la personne perdure dans sa réalité de noirceur. Cette triste réalité vous dissocie dans ce conflit, alors que nous sommes tous UN.

Si tu veux donner la lettre à la personne que tu as blessé, dans le but d'obtenir son pardon, il est possible de le faire et d'obtenir, dans certains cas, la réconciliation.

Si tu donnes la lettre de pardon à ton ennemi, cela signifie que tu as des attentes d'écoute et de compréhension, seulement possible si la personne a évolué, si elle est sortie de son état de noirceur.

Il est malheureusement bien rare dans ce monde actuel que cela se produise.

Mieux vaut alors brûler ou enterrer la lettre.

Tu brûles la lettre, tu ne brûles ou enterres personne !

Tout ce cheminement se passe dans ta conscience afin de te libérer de la colère et de couper le lien toxique qui te lie à l'autre. Les lettres sont salutaires car elles permettent de déposer tous les ressentiments, afin de couper tout lien de rancœur et d'amertume. Elles évitent bien des conflits présents de visu !

"A toi l'âme de .., je te pardonne pour …

Je te demande pardon si dans une autre vie je t'ai fait subir la même chose.

Je te pardonne et tu me pardonnes, le lien toxique qui nous lie est désormais rompu, chacun peut retourner dans l'amour".

Car tu as toi aussi certainement déjà fait du mal à quelqu'un dans ta vie.

Le reconnaître et l'accepter te guide vers le chemin du divin. Tu peux alors te pardonner d'avoir été sur des plans de noirceur. Chaque âme expérimente un apprentissage diffèrent selon le niveau d'éveil de conscience à atteindre. Ces points t'aideront à accepter le coup reçu, pardonner et te pardonner d'avoir toi aussi fait du tort et blessé une âme en quête de grandeur, tout comme toi.

A ce stade de lecture, si tu as des maux de tête, c'est normal. Nul besoin de prendre un doliprane, c'est juste ton troisième œil qui s'ouvre !

En te liant à la noirceur de ton ennemi, en acceptant l'idée que toi aussi tu as fait du mal, tu transformes la colère et l'injustice en tolérance et compassion. En expérience, pour te permettre de pardonner et de compatir. Tu développes l'indulgence. Tu comprends les agissements de tes ennemis qui expérimentent des plans de noirceur que tu as toi-même vécu dans le passé. Cela ne veut pas dire que tu oublies ou cautionnes ce qui s'est passé, le pardon te porte la guérison.

De par ton pardon, tu bénis ton ennemi, tu lui envoies de l'amour.

"Aimez-vous les uns les autres, comme je vous ai aimé".

Jean, 13:34

Tu intègres que ton ennemi t'offre la capacité à pardonner, à compatir et à libérer la colère. Tu acceptes que le bourreau t'aide à travailler sur les points que tu dois mettre en lumière, pour ta propre évolution. Il t'aide même à trouver le courage de pardonner, l'acte suprême qui sauverait ce monde.

Plus de colère, seulement l'amour inconditionnel. Tu sors de la case victime, tu te responsabilises. Tu crées le changement que tu aspires à voir dans le nouveau monde. Tu es le témoin de cette transformation, tu l'incarnes. Tu acceptes le traumatisme. C'est par l'acceptation que la transformation s'enclenche.

Tu es conscient que le processus est parfait. Sans cette expérience néfaste, tu n'aurais pas accédé au pardon et à la compassion. Tu n'aurais pas su comment redescendre dans l'amour inconditionnel de ton cœur sacré. Tu es en paix intérieure avec ton ennemi car tu respectes vos différents niveaux de conscience et d'apprentissage. Tu mets de l'amour sur ceux qui t'ont détruit. Tu trouves enfin la vibration christique.

Tiens bon sur la description de ce point, ce n'est pas fini !

Tu as la victoire sur ton ennemi car il gagne lorsque tu restes dans la haine et la colère.

Par l'amour que tu rayonnes, tu le fais évoluer.

Tu peux le confier à Dieu, en prières, pour le libérer de sa noirceur et de sa colère envers ta lumière.

"Aimez vos ennemis. Faites du bien à ceux qui vous haïssent. Appelez la bénédiction divine sur ceux qui vous maudissent. Priez pour ceux qui vous calomnient".

Luc 6:27-28

Si tu arrives à comprendre tout ce passage, félicitations ! Tu as réussi ton éveil, le royaume de Dieu t'appartient. Tu es la lumière de Dieu, tu choisis l'amour et non la haine.

Va annoncer cette bonne nouvelle !

Il est possible de pardonner et de bénir tes ennemis. Il est possible, par amour pour toi, dans le but de te guérir, de donner de l'amour au méchant.

Tu te libères enfin du mal, tu es dans la résurrection de ton être.

Cela pourrait éviter bien des guerres, dans les familles et sur Terre.

"Allez dans le monde entier proclamer la bonne nouvelle à toute la création".

Marc 16:15

Dans le cas où tu dois pardonner une situation, une injustice, un deuil, choisi de rester dans l'amour, Dieu viendra prochainement te bénir.

Il envoie les plus douloureuses épreuves à ses meilleurs guerriers. Les récompenses sont à la hauteur des souffrances, lorsque tu restes dans la foi. Ta pire épreuve serait de perdre cette foi.

"Ta foi t'a sauvé".

Marc 10:52

La lettre de libération

"A toi l'âme de .., je te pardonne pour …

Je te demande pardon si dans une autre vie je t'ai fait subir la même chose.

Je te pardonne et tu me pardonnes, le lien toxique qui nous lie est désormais rompu, nous sommes libres, chacun de nous peut désormais avancer".

Voici un exemple de lettre qui te portera la guérison et l'éveil. Si tu ne ressens pas l'envie ou la capacité de pardonner, écris tout de même cette lettre. Car tout ce que tu demandes "au nom de Jésus" se manifeste dans la matière.

"Tout ce que vous demanderez en mon nom, je le ferai, afin que le Père soit glorifié dans le fils." Jean 14:13

"Heureux les miséricordieux, car ils obtiendront miséricorde ! "

Matthieu 5:4

"Heureux ceux qui sont persécutés pour la justice, car le royaume des cieux est à eux !"

Matthieu 5:10

Poser « l'intention de » amorce la manifestation dans la matière.

Perdure dans la prière et très prochainement tu seras exaucé.

Tu es désormais celui qui change la destinée, celui qui grave sur la pièce philosophale. Incarner le pardon, c'est incarner la pureté et l'innocence, digne de l'amour inconditionnel. Aimer sans condition, juste aimer.

Montre la plus belle face de l'être humain, rayonne la joie et la sagesse. Toi seul est la clé du changement. Éclaire le peuple de cette lumière inextinguible.

Tu seras récompensé au centuple, béni des plus belles grâces. Ta famille sera couronnée de bénédictions, car tu as su te reconnecter à ta vraie famille, en l'énergie de Jésus qui t'aime comme un frère.

Pose un regard d'amour sur tout ce qui t'entoure et laisse ainsi la dimension christique prendre tout son essor.

Sois le chemin, tu es tellement plus heureux dans cette nouvelle version de toi-même.

Déploie tes ailes d'ange et devient le messager du divin et toi aussi le guide, le frère, le meilleur ami. Celui que tu aurais voulu rencontrer pendant tes jours de pluie, les jours où ton cœur a saigné de douleur. Celui qui aurait tendu la main pour te sortir du gouffre de tes souffrances.

Cette main, Jésus te la tend. Prends-là, marche à ses côtés et tu seras en paix pour l'éternité.

La main de Dieu exalte de splendeur et de magnificence, elle est pour toi.

Félicitations ! Tu peux être fier de toi !

"Son maître lui dit: c'est bien, bon et fidèle serviteur; tu as été fidèle en peu de chose, je te confierai beaucoup.

Viens partager la joie de ton maître".

Matthieu 25 :23

La solitude

Tu n'es pas orphelin du divin, l'éternel est à tes côtés. Les vieilles âmes cheminent souvent très seules. Elles vivent des années d'errance et de souffrance où les larmes n'en finissent pas de couler. Puis un jour, tout change, car tu rejoins le divin, qui te délivre enfin des méandres infernales. Jésus était toujours auprès de toi. Durant tout ce temps où tu sombrais, tu ne faisais en vérité que te rapprocher de lui. Sans défaite et désespoir tu ne pouvais pas le rencontrer. Sans abattement et ruine le chemin est invisible. Grâce à l'énergie christique, tu dépasses tes plus grandes peurs et libère tes plus profonds chagrins. Jésus est auprès de toi. La chute libre devient extase lorsque tu conscientises sa présence en toi. N'oublie pas, le professeur reste toujours silencieux pendant l'examen. Les obstacles rencontrés sur ta route sont uniquement ceux que tu es capable de surmonter. Fais confiance à ton âme supérieure et au plan de Dieu. Tout est parfaitement orchestré. Le processus est planifié pour te mener à l'amour. Lorsque tu acceptes avec foi les épreuves à transcender, le maître, c'est toi. Le poids des larmes t'accablera plus d'une fois durant ta traversée mais c'est là où tu en trouveras ta force. En dépassant le plus douloureux, tu éveilles l'être suprême qui dort en toi. Chaque épreuve a pour but précis de glorifier ton âme. Exalte-toi de vivre ce parcours.

De nombreux individus ne savent pas ce qu'ils font ici-bas. En tant que conscience supérieure, tu as le privilège de vivre les étapes de ton éveil en pleine conscience. Célèbre cette évolution avec confiance et endurance, pour en ressortir aussi limpide qu'un cristal. Les épreuves viennent polir ton âme, tel un diamant, tu éblouis Gaïa de ta perfection. Tu es parfait, ici et maintenant, dans cet instant. Tout ce dont tu as besoin se trouve dans ton cœur. Seul, mais constamment entouré d'anges et d'êtres de lumière. En présence de Jésus, ton frère céleste. Tu comprends désormais que tu n'as jamais été seul. Tu avais juste oublié qui tu es. Car toi aussi tu es un ange. Un être de lumière vivant une expérience terrestre et tôt ou tard tu rentreras à la maison. Lâche prise sur ta solitude, tu n'es ici-bas que pour une courte durée. Apprécie d'être en ta propre compagnie, amplifie la connexion au divin et tu ne subiras plus jamais cette solitude. Comment veux-tu que quelqu'un t'aime si toi-même tu subis ta présence ? Là où tu ne t'aimes pas, Dieu t'aime quand-même. Tu ne peux pas être une vieille âme et ne pas expérimenter la solitude; le chemin des initiés se fait seul, pour apprendre à te connecter au divin, pour trouver ta force, pour être capable d'être heureux seul. Trouve la complétude et tu ne seras plus jamais seul. Rempli-toi d'amour et tu seras orné de diamants. Ainsi se vit la gloire de Dieu, les diamants sont éternels.

"Venez à moi, vous tous qui êtes fatigués et chargés, et je vous donnerai le repos".

Matthieu 11.28

"Heureux les affligés, car ils seront consolés !"

Matthieu 5:3-11

"Heureux ceux qui pleurent, car ils seront consolés".

Matthieu 5:4

Les voeux

Tout ce que tu demanderas, tu le recevras. Que ce soit en prières, affirmations positives, vœux de lune, pleine lune, croissant de lune ou éclipse, ne cesse jamais de demander.

Un enfant rêve en secret d'un jouet particulier pour son anniversaire, c'est son plus grand rêve, depuis très longtemps mais il n'ose pas le demander à ses parents. Quand arrive le jour de son anniversaire, il est déçu et en veut à ses parents de ne pas lui avoir offert le cadeau espéré. L'enfant est triste, ses parents aussi, la fête est gâchée.

Pourquoi ?

Parce que Dieu veut ton bonheur. Tu es son enfant, tu viens de la source divine, ton père et ton créateur. Néanmoins, c'est à toi de lui demander ce que tu veux. Non pas en suppliant, mais en remerciant comme si tu avais déjà reçu. Quand tu es malheureux, Jésus l'est également. L'erreur est de te dissocier de Dieu. Tu es une parcelle divine puisque c'est lui qui t'a créé. Lui demander, c'est faire manifester dans la matière; c'est, avec la certitude d'être exaucé, en vibrer de gratitude. Accède à ton pouvoir créateur. La gratitude est le levier magique pour recevoir tout ce que tu souhaites. Elle te fait recevoir de plus en plus de bénédictions, lorsque tu la portes en toi et la pratiques quotidiennement. C'est toi le créateur, c'est à toi de faire descendre ton rêve dans la matière.

Quand tu es heureux, c'est la fiesta dans le ciel !

Merci pour ma guérison, merci pour mon travail, merci pour ce bébé…à Dieu, à l'Univers, à Jésus, à qui tu veux de plus haut mais envoie tes vœux et ils te seront rendus dans la matière.

La prière la plus efficace est celle du cœur. Pas besoin de réciter le Notre Père si tu ne le vibres pas. La prière se fait en osmose avec le divin, quand tu confies en secret tout ce que tu as sur le cœur. La prière est ton oxygène. Un jour sans prières est un jour où tu ne respires pas. Inspire le divin, expire la gratitude. Tout va bien.

Les mots du cœur, de ton être profond suffisent; Dieu lit dans ton cœur et sait ce dont tu as besoin. C'est à toi de lui montrer ta foi en lui, ton amour pour lui. La vibration christique est très puissante. Essaye de parler à Jésus et tu en ressentiras irrévocablement les bienfaits. Tel un grand frère, il te protège, t'écoute et te rassure. Il te guérit de tes blessures, des blessures liées aux hommes. Il te réconcilie avec le monde. De par sa tendresse et son amour, tu seras transformé, transporté.

Miser sur lui c'est miser sur la certitude d'être béni.

Quand tu parles à Jésus, tu parles au père créateur. A toi d'expérimenter ce dialogue et tu auras tes réponses.

"Car Dieu a tant aimé le monde qu'il lui a donné son Fils unique, afin que quiconque croit en lui ne périsse point, mais qu'il ait la vie éternelle".

Jean 3:16

Parce qu'un père veut le meilleur pour son enfant, il gâte son petit de par son amour infini. Avec de multiples cadeaux chaque jour tu seras béni, si tu le souhaites de tout ton cœur. Tout vient de l'intérieur.

La vie

Quand tu aimes Dieu, tu aimes la vie de tout ton être. Tu peux traverser des tempêtes extrêmes, le calme reviendra toujours dans ton cœur. Certains malades se battent aujourd'hui pour passer une nuit de plus ici-bas ce soir. Ne perds pas ton temps à ressasser le passé, à te tourmenter. La vie est ainsi faite de cycles, avec des bonheurs et des douleurs; tout est en perpétuel mouvement. Tout est énergie et vibration. Accueille ces cycles de vie en toi et embrasse ton évolution. Tout est expérience, reviens à l'essentiel: les battements de ton cœur. Incarne l'harmonie d'être un enfant de Dieu. Tu es en vie, tout va bien, même quand tu es déstabilisé par une épreuve. Ne crains rien, ne t'inquiètes pas du lendemain. Tout passe et cela aussi passera.

"Ne vous inquiétez donc pas du lendemain ; car le lendemain aura soin de lui-même".

Matthieu 6:34

Le temps apporte les réponses. En attendant, n'oublie pas de respirer le parfum des fleurs. Reviens à l'instant présent, lui seul est pur et éternel. Reviens dans ta présence d'être source de vie, pour toi et pour les autres.

Ton étincelle divine ne demande qu'à se raviver, comme dans certains jours heureux inoubliables. Rappelle-toi les meilleurs moments de ton existence. Relie ton histoire, tes épreuves sont devenues tes forces. Lorsque tu visites le passé, visionne uniquement ton épanouissement. La vie sur Terre est un merveilleux voyage, une fabuleuse initiation, pour t'enseigner l'amour. Vis cette odyssée en pleine conscience. Tu es libre d'être là, ici et maintenant, dans ce pouvoir de l'accueil. Laisse les regrets, la colère et la culpabilité.

"Ta foi t'a sauvée, va en paix".

Luc 7:50

"Rien ne vous serait impossible".

Matthieu 17:20

"Mon père vous donne le vrai pain du ciel".

Jean 6:32

Embrasse le renouveau. Chaque nouveau jour qui se lève peut être le meilleur jour que tu n'as pas vécu depuis bien longtemps.

Le merveilleux moment où tu recommences à sourire, après tes longues nuits gorgées de larmes. Ce premier nouvel instant de joie se trouve juste devant toi, si tu l'accueilles, si tu le souhaites de tout ton cœur. Les épreuves ont besoin de temps pour être transmutées. La douleur ressentie doit être exprimée et reconnue, mais ta peine ne doit pas être une position de vie. Lorsque tu subis trop longtemps, tu te complais dans le rôle de victime et cela bloque littéralement ta guérison. La victimisation alimente tes blessures et réfrène ton éveil, bloque le processus de ton évolution. La guérison se produit lorsque tu te responsabilises par rapport au traumatisme reçu. Tu n'es pas responsable du mal que l'on te fait, tu es responsable de ce que tu en fait. Soit tu subis, tu sombres et tu perdures dans la souffrance, soit tu réceptionnes le coup, tu encaisses et tu libères. Tant que l'épreuve n'est pas acceptée, elle te ronge et t'enferme dans le cercle vicieux de la colère et de la passivité. La détresse se transforme en étincelle lorsque tu choisis de ne plus souffrir. Accepte d'être heureux et de te responsabiliser en posant des actions concrètes pour construire ce bonheur. C'est une leçon essentielle à intégrer durant ton éveil.

Tout ce à quoi tu te soumets te soustrait.

Tout ce à quoi tu résistes persiste.

Tout ce que tu fuis te poursuit.

Tout ce que à quoi tu fais face s'efface.

"Ce que tu nies te soumet, ce que tu acceptes te transforme".
C.G. Jung.

Réussir ton éveil spirituel, c'est intégré que la guérison de tes blessures viendra uniquement de toi. C'est toi le guérisseur, c'est toi qui produit les miracles.

Te responsabiliser face à ton mieux-être, trouver des leviers afin de donner l'impulsion pour te remettre à avancer est un objectif à atteindre avec foi d'un renouveau à venir. Peu importe les barrières à franchir, continue de croire en un nouveau jour qui sera ton nouveau départ.

"Que votre coeur ne se trouble point, et ne s'alarme point".

Jean 14:27

"Bienheureux ceux qui sont purs de coeur, car c'est eux qui verront Dieu".

Matthieu 5:9

"Tu aimeras le Seigneur, ton Dieu, de tout ton cœur, de toute ton âme, de toute ta pensée, et de toute ta force".

Marc 12:30

"Ayez foi en Dieu".

Marc 11:22

"Vous êtes la lumière du monde".

Matthieu 5:14

La prière

Prie le plus souvent possible, la prière est ton oxygène, le pont entre la Terre et le Ciel. Ta foi serait décuplée grâce aux prières quotidiennes. Connecte-toi au Créateur, afin d'élever ton âme vers les plans supérieurs. La communion avec le divin se tisse jour après jour, prière après prière.

Tu peux parler, demander, remercier et même te rebeller ! L'important est d'instaurer la communication avec Dieu. Tu peux l'appeler Seigneur, la Source, l'Univers, Père, Jésus ; raccroche-toi à quelque chose de plus grand, de sublime, de céleste. Cela te permet de prendre de la hauteur et de te connecter à ton âme supérieure, l'âme ensoleillée et lumineuse que tu es.

"Priez en tout temps".

Luc 21:36

"Demandez, et il vous sera donné".

Matthieu 7:7

La soif de vivre

Souviens-toi de l'état dans lequel tu te trouves lorsque tu es amoureux. Tu te sens léger et heureux, tout se déroule de manière très fluide et évidente dans ta vie, même les contrariétés sont minimisées. Tu trouves la vie merveilleuse et enchanteresse. Tu incarnes la meilleure version de toi-même. Tu rayonnes et tu vibres le feu d'un avenir prometteur et féerique. Cet état reflète juste ton état pur, ta vibration naturelle est d'être joie et amour, volupté et allégresse. Enchanteur et magicien. Être amoureux, c'est comme tenir une baguette magique pour réaliser tous tes rêves, pour ouvrir la porte à toutes les réponses à tes attentes. C'est avoir foi en l'avenir, foi en la réalisation de cette promesse d'amour éternelle.

Et si tu commençais par tomber amoureux de toi et de la vie ?

L'amour serait toujours présent et tu pourrais accéder à la meilleure version de toi-même.

Alors que dans la détresse, tu te positionnes en attente d'une personne qui viendrait te sauver. Mais le sauveur a déjà été envoyé, il te montre que c'est l'amour qui guérit et te porte les miracles, lorsque tu décides d'y croire et que tu acceptes de mériter d'être heureux.

La plus belle prière est de demander à Dieu qu'il t'aide à t'aimer, à aimer la vie et à accepter une vie remplie de miracles.

La prière élève le taux vibratoire, te libère de tes fardeaux. Elle te donne espoir et te rallie à la vie et à ta mission divine. La prière console, sécurise et panse tes plaies les plus profondes.

La prière défait les nœuds, exalte les rêves.

Toutes tes prières sont entendues et exaucées, lorsque tu y crois. La prière te ressource et te transforme, te recentre et te bénit. Elle alimente cette soif de connexion au monde invisible et aux êtres de lumière, ta famille éternelle.

La prière guérit tous les maux et donne un sens à ta vie; elle te sauve et illumine ton existence de la flamme dorée de transformation et de renaissance. La prière amplifie ta foi et te donne une trame pour atteindre tes objectifs. Elle te prédispose à recevoir, elle te donne l'impulsion pour avancer et te relie au plus haut, au plus grand. La foi te donne confiance en toi et la certitude d'être entendu et exaucé.

Si tu veux enfin accéder à cette fabuleuse paix intérieure tant recherchée: Prie, prie inlassablement.

"Je vous laisse la paix,

je vous donne ma paix".

Jean 14:27

"La paix soit avec vous !

Comme le père m'a envoyé".

Jean 20:21

"Ta foi t'a sauvée, va en paix".

Luc 7:50

L'Esprit-Saint

Âme de mon âme, l'Esprit-Saint enseigne toute chose. Conscience Supérieure et lumineuse, le sage qui transmet toute vérité, secret et révélation Divine. L'Esprit-Saint, la troisième personne de la trinité, est l'esprit de Jésus que le Père nous communique.

L'Esprit-Saint t'éveille et te libère, il te glorifie.

Connecte-toi à lui chaque jour de ta vie et tu trouveras la fontaine de jouvence.

L'Esprit-Saint est une personne divine qui scelle l'union entre le père et le fils.

La sainte trinité, sublime mère céleste, enveloppe toute âme qui s'y connecte.

La puissance infinie de l'Esprit-Saint te guidera vers d'extraordinaires prises de conscience, des élans vibratoires vécus en pleine fusion avec le divin. L'élève accède alors à sa propre perception de son évolution.

Expérience majestueuse subtilement intérieure, inexplicable par des mots.

Méditer en présence de l'Esprit-Saint te fera rencontrer l'imperceptible assemblage entre toi et le plus cryptique, l'ésotérique, l'impénétrable, telle la table d'émeraude révélée.

Tous les mystères de l'Univers te seront donnés et ton troisième œil n'en finira pas de s'ouvrir.

L'Esprit-Saint descend sur toi lorsque tu lis les saintes écritures, les psaumes, les évangiles. Les textes sacrés regorgent de bénédictions.

Qui aujourd'hui n'a pas encore lu les évangiles de Saint Marc ?

La Bible est le livre le plus lu et vendu qui n'ait jamais existé. Il s'agit de la parole de Dieu, traduite en sept-cent-quatre langues parlées.

Et si ton éveil se trouvait tout simplement là?

Tu souhaites avoir ton éveil spirituel, trouver la paix intérieure, être sauvé et guérir toutes tes blessures. La Bible et ses évangiles te guideront tous les jours de ta vie. Tu trouveras et tu reconnaîtras tout ce que tu cherches.

Frappe à la porte et Dieu t'ouvrira, si tu y crois !

"C'est à vous qu'a été donné le mystère du royaume de Dieu".

Marc 4:11

"L'Esprit-Saint, que le Père enverra en mon nom, vous enseignera toutes choses".

Jean 14:26

"Frappez, et l'on vous ouvrira".

Matthieu 7:7

"Cherchez, et vous trouverez".

Matthieu 7:7

"Cherchez premièrement le royaume et la justice de Dieu; et toutes ces choses vous seront données par dessus".

Matthieu 6:33

La guérison

Tu portes en toi la capacité de te guérir et de guérir.

Lorsque tu es malade, c'est ton âme qui te parle. Elle vient te toucher sur la partie physique car il y a un message que tu n'arrives pas à entendre de par ton esprit. Quand tu n'es pas aligné à tes ressentis et à ta guidance intérieure, ton âme passe à l'étape supérieure, elle vient te faire mal. La "maladie" est le "mal qui a dit". Derrière cette souffrance physique, quel est le message de ton âme?

Qu'est-ce que tu ne veux pas entendre ou conscientiser? La maladie vient te bousculer pour te remettre sur le droit chemin, sur la route lumineuse de ta destinée et de ta félicité. Ce mal vient te sauver, accueille-le.

Écoute ton corps, lorsqu'il a mal, c'est ton âme qui veut te dire quelque chose. Là où se crée la douleur ou le problème physique, se trouve l'origine. Travaille cette cause et tu seras guéri. Tu es le remède, ton propre guérisseur.

Par exemple, si tu as des maux d'estomac, cela est en lien avec ce que tu n'as pas digéré. L'estomac contient l'alimentation, tout ce que tu digères, les idées et les sentiments. Les problèmes d'estomac représentent donc les peurs, la terreur ; avoir peur et être incapable d'assimiler la nouveauté. A toi maintenant de ramener en conscience la provenance de tous ces blocages. Tu entends donc à travers cette douleur physique, le message de ton âme. Tu y travailles pour y remédier, tu guéris.

Lorsque la douleur est installée depuis longtemps, cela signifie que ton âme et tes guides t'envoient des signes et intuitions depuis un moment déjà, mais tu ne les entends pas. Ils tapent alors plus fort pour te réveiller. Tes cellules sont donc imprégnées de ces souffrances. Afin de les reprogrammer, tu dois venir de par ton esprit réimprégner tes cellules avec un nouveau schéma de pensées qui, en réorganisant cette mémoire cellulaire dans le bon schéma mental, apporte la libération du blocage énergétique et porte ainsi la guérison.

Par exemple, si tu es anxieux, cela relève d'une peur de l'avenir. Pour y remédier, tu peux te reprogrammer en disant plusieurs fois par jour: je fais confiance en la vie, je suis protégé et en sécurité. La reprogrammation se fait également en ondes thêta, c'est le moment où tu es calme, dans tes émotions et dans ton corps. Généralement juste avant de t'endormir, lorsque tu sens le sommeil arriver mais que tu es encore un peu en conscience d'être éveillé.

Relis plusieurs fois si besoin, je ne voudrais pas te créer des maux de tête !

La reprogrammation a des résultats quand tu la fais à ce moment car c'est là où tu as directement accès à ton subconscient. C'est dans ce subconscient que se trouvent toutes tes croyances limitantes et tes ancrages cellulaires destructeurs qui génèrent le problème physique. Fais cette reprogrammation cellulaire pendant quelques semaines, travaille en parallèle en conscience la cause du blocage transmit par la partie du corps qui est ciblée à travers cette maladie.

Pour t'aider à décrypter le langage de ton corps, un ange est passé sur Terre pour écrire ce livre de reprogrammation: ***"D'accord avec ton corps"*** de **Louise L. Hay**.

Tu trouves aussi le fabuleux ***"Grand dictionnaire des malaises et des maladies"*** de **Jacques Martel**.

Ce serait miraculeux de te guérir!

"Normalement", Dieu seul a le pouvoir de réaliser des miracles, mais puisque tu es son enfant et que cette source d'amour t'a créé, tu détiens toi aussi le pouvoir intérieur de produire tes propres miracles. Tu es ton propre guide et le guérisseur dont le monde a besoin.

"Qu'il vous soit fait selon votre foi".

Matthieu 9:29

"A dieu tout est possible".

Matthieu 19:26

"N'ayez pas peur, croyez seulement".

Marc 5:36

"Guérissez les malades qui s'y trouveront, et dites-leur : le royaume de Dieu s'est approché de vous".

Luc 10:9

"Que votre coeur ne se trouble point, et ne s'alarme point".

Jean 14:27

Tu es capable de te guérir de tous tes maux. Tu te rends malade et tu te guéris. Une fois de plus, si tu subis la maladie, tu te positionnes en victime et empêche le processus de guérison. Si, lorsque tu es malade, tu acceptes en te disant d'accord, je regarde ce que mon âme essaye de me faire comprendre, je rééquilibre en fonction dans ma vie actuelle, je rectifie les points où je ne me sens plus aligné, la guérison opère rapidement.

C'est toi le chirurgien.

"La vieille guérisseuse de l'âme disait :

On n'a pas mal au dos, ce qui fait mal c'est le poids de nos maux du passé et du présent.

On n'a pas mal aux yeux, ce qui fait mal c'est l'injustice de l'enfance à aujourd'hui.

On n'a pas mal à la tête, ce qui fait mal ce sont les pensées sombres et la culpabilité.

On n'a pas mal à la gorge, ce qui fait mal c'est ce qu'on exprime par peur ou exprime avec rage.

On n'a pas mal à l'estomac, ce qui fait mal c'est ce que l'âme ne digère pas, la malveillance envers autrui.

On n'a pas mal au foie, ce qui fait mal c'est la colère et la haine.

On n'a pas mal au cœur, ce qui fait mal ce sont les blessures liées à la mauvaise interprétation de l'amour qui nous conduit à vivre l'abandon, le rejet, la trahison et la déception sentimentale.

Et c'est bien lui, malgré tout.

L'Amour, l'énergie divine créatrice,

qui contient le plus puissant médicament.

L'amour est la réponse à tous vos maux".

Mets de l'amour partout, incarne cette énergie christique afin de te guérir et de guérir cette Terre. Aime, accepte, pardonne, bénis, guéris. Sois la lumière de Dieu, la lumière qui éclaire tous les peuples.

"Vous êtes la lumière du monde".

Matthieu 5:14

Incarne l'amour, il restera de toi ce que tu as donné.

L'amour

"L'amour est patient,

Il est plein de bonté,

L'amour n'est point envieux,

L'amour ne se vante point,

Il ne s'enfle pas d'orgueil,

Il ne fait rien de malhonnête,

Il ne cherche point son intérêt,

Il ne s'irrite point,

Il ne soupçonne point le mal,

il ne se réjouit point de l'injustice,

mais il se réjouit de la vérité,

Il excuse tout,

il croit tout,

il espère tout,

Il supporte tout".

1-Corinthiens 13:7

L'énergie de guérison est l'amour. Plus tu es rempli de cet amour, plus les miracles se produisent. Libère ce qui t'empêche d'être rempli d'amour.

La colère, la tristesse, la douleur.

Trouve l'amour en toi.

Le guérisseur éveille les âmes, polit le brut, régénère les corps.

Tu es canal, tu es divin. L'énergie christique passe à travers toi pour envoyer l'amour inconditionnel de Jésus. Deviens ici-bas le référent, l'héritier, le socle divin.

Tes mains sont miraculeuses, tes messages à transmettre à l'humanité sont majestueux.

Commence par guérir autour de toi. L'ami en souffrance, le voisin en difficulté, le confrère affecté...

Sois le guide et tisse dans ton cercle le lien d'amour et d'unité.

"Aimez-vous les uns les autres;

comme je vous ai aimés".

Jean 13:34

L'ère du Verseau représente l'unité, l'entraide et le soutien à son prochain. C'est à toi de créer la nouvelle Terre et ainsi arrêter la guerre.

"Tu aimeras ton prochain comme toi-même".

Matthieu 22:39

Rien n'est impossible, tout reste à accomplir.

Donner de l'amour est tellement compliqué, mais si salutaire.

Donner de son temps, écouter, rendre service. L'ère du Verseau débute, cela te demande d'ouvrir ton cœur aux autres, de changer tes habitudes pour créer un nouveau monde d'amour et d'unité, pour nous et nos enfants.

Le paradis sur Terre commence ici, par toi. Fais le bien autour de toi, aide ton prochain, donne ce que tu peux avec ton cœur. Tu incarneras l'être de lumière que Dieu a choisi pour transmettre son amour.

Rendre service fait du bien à l'âme, s'occuper des autres t'aidera à guérir tes propres blessures, te glorifiera.

Tu deviens toi par l'autre et pour l'autre, car l'autre n'est que le reflet de toi, nous sommes UN.

La vibration christique

Exprime tes émotions avec bienveillance. Libère ce que tu réprimes sinon tout s'imprime. Explore tes ressentis afin de les connaître et te connaître. Trouve la force dans chaque épreuve de vie et intègre la dans tout ton être, elle te servira dans les prochains tourments. La pratique spirituelle est importante dans ton cheminement. Chaque jour, connecte-toi au divin. Prends ce précieux temps comme des balises de secours, afin de t'empêcher de tomber dans la tentation de souffrir à nouveau, de sombrer dans tes peurs et tes ombres.

"Veillez et priez, afin que vous ne tombiez pas dans la tentation".

Matthieu 26:41

Développe la visualisation créatrice, le génie, c'est toi. Visualise-toi dans la vie que tu veux, dans la meilleure version de toi-même. Invite la gratitude au voyage, vibration au pouvoir enchanteur. Soit au service des autres, l'amour reçu en retour te conforte dans ton rôle de guide de lumière. Tu deviens le maître, tu enseignes l'amour. Entoure-toi des personnes qui te font vibrer haut, avec qui tu te sens bien, lumineux, rare.

Ne perds pas ton temps à quémander l'amour des êtres qui te blessent et te rejettent. Sois auprès de ceux qui bénissent ta présence. Construis des ponts qui te feront avancer vers un avenir serein. Retrouve la paix en tout. Dans ton cœur, dans ton passé et dans ton quotidien. Tu mérites le meilleur, souhaites-le démesurément. Rayonne ta splendeur, accepte de te positionner sous les projecteurs. Tu es le chemin. Envoi de l'amour, toujours et incommensurablement.

L'amour est la réponse à toutes tes questions, l'amour est la solution et la guérison.

Tu es constamment guidé, de par les synchronicités divines, omniprésentes dans ton quotidien.

Il arrivera un jour où tu regarderas le monde avec en premier plan ce monde invisible, seulement perceptible par les anges terrestres, les âmes pures. Respecte-toi, donne-toi beaucoup d'amour par des actions saines et des pensées lumineuses. Reste honnête envers tes sentiments, reste toujours toi-même. Incarne celui que tu es réellement. Apprécie ce moment, remercie Dieu d'être en vie. Tu incarnes la grâce, la perfection divine des créations de Dieu.

"Que votre lumière luise ainsi devant les hommes, afin qu'ils voient vos bonnes oeuvres, et qu'ils glorifient votre père qui est dans les cieux".

Matthieu 5:16

"Vous êtes la lumière du monde".

Matthieu 5:14

Le changement

Tu es l'élément déclencheur au changement que tu souhaites voir dans ce monde. À ton échelle mais en témoin. Le premier. Tout vient de toi, tu es la seule clé. Sublime ta fertilité céleste en te propulsant dans ta meilleure incarnation. Le sol de cette Terre est devenu trop aride, avide de sens et surtout d'amour.

A être ici-bas, vibre l'ivresse d'exister. Concentre-toi sur tes forces, elles sont ton meilleur professeur. Soit le dernier, dans la file d'attente de ces tristes temps. Si tu as la foi en un monde meilleur, sors de cette file. Ta puissance te mène sur le bon chemin, lorsque tu suis tes intuitions. Ouvre ton cœur à l'amour, n'aies plus peur d'aimer. Libère tes reliances limitantes à l'amour, transforme la peur de souffrir en soif d'aimer. Ce point est essentiel dans ton éveil. Quand tu as expérimenté de profonds chagrins, ton cœur se verrouille. Tu as peur de souffrir à nouveau alors tu te protèges de l'amour. Tu te préserves en conservant ta zone de confort sécuritaire, mais pourtant limitante. Dépasse les limites de ton mental et de tes peurs, ainsi tu peux enfin guérir tes blessures, ton cœur est à nouveau ouvert à l'échange d'amour. Une vie sans risque d'aimer est une survie. L'amour n'est pas un risque à prendre, mais une providence à recevoir. Accepte cette chance, lorsque l'amour, sous n'importe quelle forme, se présente devant toi.

Le changement du monde commence dans cette évolution de la capacité de chacun à choisir l'amour pour ne plus souffrir plutôt que de le refuser par unique peur de souffrir.

Relis plusieurs fois !

Exulte les pouvoirs de la joie, prometteurs de richesse.

Discerne les bénédictions dans chaque étape de vie, tout est parfait, choisis toujours la paix d'aimer. Afin d'être le dernier à pleurer et le premier à aimer. Incarne cette paix intérieure tant convoitée. Elle est immuable et tangible, lorsque tu la portes chaque jour, dans ce monde qui en a tellement besoin.

Inspire cette paix, expire la joie. Tout est là.

Tu croiseras des âmes sublimes, des êtres de lumière telles des âmes soeurs prédestinées.

Elles ont pour but de te consoler de toutes les rencontres toxiques et destructrices de ton passé. Tu t'émerveilles enfin devant des liens d'amour inconditionnels que Dieu place sur ton chemin. Ces âmes soeurs te rejoignent toujours au bon moment, lorsque tu es prêt. Quand tu es rempli d'amour, tu attires ce que tu diffuses, dans ce monde de vibrations. Si tu es amour, tu reçois l'amour.

Si par chance tu croises ton âme jumelle, remercie le Ciel chaque jour pour ce cadeau divin.

Peu importe les difficultés de ce parcours et son issue, tu seras de par cette unique rencontre céleste, transformé à jamais. A l'image du lien sacré de Jésus et Marie-Madeleine, tu recevras la plus belle des bénédictions. Une grâce divine rare et transcendante. L'alchimie suprême, le cœur sacré de Jésus. Ta vie, baignée dans cet amour divin, devient une constante méditation où tu exultes des pouvoirs de santé et de guérison qui te sont conférés. Tu es le soleil à toi seul. Désormais, le premier arrivé au royaume de Dieu, c'est toi.

"Jésus lui dit : Marie ! elle se retourne et lui dit en hébreu: rabbouni ! (c'est-à-dire maître)".

Le Seigneur Jésus dit:

"Ainsi les derniers seront les premiers, et les premiers seront les derniers".

Matthieu 20:16

La mort

La mort est un passage, une étape dans la vie de tous, la finalité de notre expérience terrestre. La mort est un état de grâce et de libération, pour celui qui le comprend.

Affronter la mort de tes proches fait partie intégrante des épreuves à transcender dans ton incarnation. L'impact le plus violent, un cœur brisé à jamais.

La peur de l'inconnu, la détresse de ne plus jamais revoir la personne défunte te fait sombrer dans les méandres de tes ténèbres. Ce profond chagrin baigné dans sa fatalité te mène sur un cheminement existentiel du pourquoi sommes-nous ici-bas ?

As-tu une mission de vie établie à l'avance, prédéfinie par ton âme avant ton incarnation ?

La mort te propulse dans cette triste réalité de croire qu'il y a une fin, le néant.

Apprivoiser la mort en posant un regard holistique de transmutation t'éveille à l'immortalité promise.

Appréhender l'immensité de l'âme.

Cultive la certitude que l'après dans l'invisible est bien plus léger qu'ici dans la matière. A l'incarnation, l'âme est étriquée, capturée, condensée dans un corps physique, traumatisée et perdue car séparée de la source d'amour créatrice. Cette nostalgie d'ailleurs perdure dans l'être incarné tant qu'il ne s'est pas lui-même reconnecté à cette source originelle. Ta mission sur Terre est donc de te reconnecter à cet amour inconditionnel, à cette énergie christique émanant du Père Créateur de toute chose.

Pour y parvenir, tu dois guérir toutes tes blessures de l'âme, tes blessures d'amour. Mettre en lumière ce manque d'amour, le combler, pour libérer tes dépendances affectives. Tu peux alors incarner l'amour inconditionnel sur Terre puisque tu ne souffres plus d'être séparé de Dieu, tu es rempli d'amour par toi-même, tu es à nouveau relié à ton Créateur. La guérison s'opère par l'unité. Tu imposes tes mains remplies de cette énergie christique, tu poses la pierre à l'édifice sacré, la Nouvelle Terre. Une Terre Mère remplie d'amour, l'ère du Verseau dans toute sa splendeur. Tu as choisi de t'incarner durant cette transition vibratoire, cette transformation mondiale. Cette transmutation est ta mission de vie, c'est toi l'alchimiste. Grâce à ton amour et ta lumière, grâce à ta connexion au divin et à tes dons. Accepter la fin d'un cycle, c'est ouvrir la porte au renouveau, au mieux et au meilleur. Tout est naissance et mort. Nuit noire de l'âme et renaissance, ombre et lumière. La dualité ne sera pas dans cette Nouvelle Terre car nous sommes UN. Subtile connivence des extrêmes, la guérison de Gaïa par l'union.

Ne te dissocie plus de Dieu, ne te dissocie plus des autres.

Ne te dissocie plus de ton cœur et de ta lumière.

"Si je traverse les ravins de la mort, je ne crains aucun mal, car tu es avec moi".

Psaume 23:4

"Je suis avec vous tous les jours, jusqu'à la fin du monde".

Matthieu 28:20

"Vous êtes la lumière du monde".

Matthieu 5:14

Le cercle doré

Entoure-toi des âmes qui te font te sentir chez toi. Celles avec qui tu te sens bien, où tu es libre d'être toi. Celles qui te font vibrer haut et agrémentent les journées, t'acceptent tel que tu es.

Tu peux, auprès de ces êtres, montrer ton authenticité, ta vulnérabilité, sans peur d'être jugé. Le jugement, triste fléau de ce monde. Quand tu aimes une personne, tu l'admires pour ses qualités et acceptes ses défauts, grâce à l'amour que tu lui portes. En amitié ou en couple, et même je l'espère autour de toi, envers ceux que tu croises, pose ton attention sur la lumière de la personne et non sur ses ombres. La tolérance est essentielle pour ton bien-être et ton éveil. Ce que tu critiques et refuse chez l'autre n'est que le reflet de ce que tu n'as pas mis en lumière à l'intérieur de toi. Le défaut ou la maladresse d'une âme ne la définit pas. L'amour qu'elle offre est le plus important. Lorsque tu es en lien avec une âme qui ne te juge pas mais qui te comprend, quand elle accepte tes noirceurs car elle connait ton parcours et tes épreuves, tu es en présence de l'énergie christique, pure et salutaire. Une relation saine.

Pour les autres relations, en tant que vieille âme et l' hypersensibilité qui va avec, tu ressentiras ces jugements et tu ne cesseras de te justifier et te sentir mal à l'aise, donc d'alimenter tes propres faiblesses. Mieux vaut cheminer seul qu'au milieu des vautours. Sois présent et offre de ton temps aux âmes qui restent humbles face à toi et reconnaissantes de faire partie de ta vie.

Ne te soumets pas pour être aimé, reste toi-même.

Les divergences d'opinions sont indispensables pour te faire travailler indulgence, compassion et positionnement, toujours avec amour.

Ce serait trop facile de côtoyer uniquement ceux qui te ressemblent, qui correspondent à ton schéma de pensée. Il est bénéfique de cultiver et d'accepter nos différences. Cela fait partie de ton enseignement et de ta progression.

L'ouverture d'esprit n'est pas une fracture du crâne !

L'indulgence te purifie de ton orgueil, le jugement est une porte par laquelle le bas astral s'immisce, en te gargarisant d'orgueil. Garde toujours ce regard de compassion sur tes relations, sur ce que toi tu offres et surtout sur ce que les autres te renvoient.

N'hésite pas à mettre un bon coup de karcher sur tes relations, seules les pures te porteront tendresse et sérénité, stabilité et enrichissement.

Ne t'impose pas de maintenir dans ton cercle les personnes toxiques et limitantes. Autorise-toi à garder les meilleures, celles que tu peux faire évoluer de par ton expérience et ta présence. Laisse partir les autres : ceux qui te brisent, te nuisent et te trahissent. Ceux qui parlent mal de toi lorsque tu n'es pas là. Ecoute tes ressentis, eux ne te tromperont jamais.

Ne te lamente pas ici-bas pour des rencontres de basses fréquences, cela fait partie de ce que tu dois accepter. Nous ne sommes pas tous sur les même niveaux de conscience. Là aussi, certains expérimentent le jugement et la noirceur, tout comme toi tu l'as expérimenté dans tes anciennes vies, où tu n'avais pas encore le niveau de conscience actuel. Tout est expérience et compassion. Si tu veux réussir ton développement personnel, l'éveil qui te portera la grâce divine, le miracle de Dieu qui te fera enfin accéder à cette légendaire paix intérieure: reviens toujours à l'amour. Dans tout, même et surtout dans ce que tu n'acceptes et ne tolères pas.

L'équilibre s'acquiert en composant, respecte les différences tout en te respectant.

La vie mettra sur ton chemin de belles âmes qui te combleront de joie. Cultive et apprécie ces précieux cadeaux. Accepte de te délester de nombreux, pour en gagner des plus grands. Ton cercle ici-bas peut être restreint, ton cercle céleste est infini. Peu importe, tu es constamment entouré d'êtres de lumière qui t'aiment et te protègent.

D'ailleurs, profond respect envers mes guides qui me supportent !

Quelle ambitieuse mission de vie de m'avoir choisie comme âme à guider ! J'ai parfois du mal à canaliser leurs messages, je comprends enfin, après dix plumes, dix heures miroirs et dix oiseaux! Ils sont parfois obligés de m'envoyer des airbus, afin que je parvienne enfin à capter! Merci mes guides, je vous aime et promis, je fais mon ancrage dès que je peux !

Alimente ce lien avec le divin quotidiennement, en pensées, en prières, en clairaudience. Explore à l'aide de méditations, tes facultés à communiquer avec ces êtres de lumière, tous au service de ton bonheur. Les vrais, les sincères et les purs. Le cercle doré.

Ils sont là pour toi et veulent tout ce que tu souhaites ! Ils t'exauceront. Partage autour de toi ces canalisations angéliques, la Nouvelle Terre a besoin de se reconnecter au monde invisible.

Tout comme les nombreuses âmes qui témoignent des expériences de mort imminente (NDE), témoigne de ces synchronicités quotidiennes qui te guident vers ton accomplissement. Échange et transmets ces perceptions sans te préoccuper du regard des autres. L'éveil se produit lorsque tu te coupes de tout jugement, et quand tu te détaches de ce que les autres pensent de toi. Être soucieux du regard des autres ou de leur approbation dénote uniquement d'un manque d'amour intérieur. Transmute cette dépendance affective en cultivant l'amour pour toi et tu pourras t'élever encore plus haut.

Être témoin du divin fait partie de ta mission de vie. Dépose l'empreinte de l'éternel sur le sol fertile de la Nouvelle Terre. Là où l'humanité pense que l'avenir sera triste et morose, incarne cette foi en la création d'un nouveau monde d'amour. Certes les difficultés mondiales existent et continueront de tenter de faire peur, mais si tu as le Ciel avec toi, de quoi peux-tu avoir peur ? Sois le témoin, de par ta lumière et tes petites actions, au quotidien et autour de toi, du changement que tu souhaites voir dans ce monde. Tout est à l'intérieur et tout commence par toi. Si chacun de nous se met en route, le monde change.

Témoigne de ta foi en l'évolution des âmes, en un éveil de conscience massif et en la beauté de ce monde. Sème de l'or dans cette Nouvelle Terre.

La foi au miracle car la lumière gagne toujours. L'ère du Verseau est d'une grandeur infinie.

Le monde s'éveille, et cela fait du bien.

"Bienheureux sont ceux qui écoutent la parole de Dieu, et qui la gardent".

Luc 11:28

"C'est à vous qu'a été donné le mystère du royaume de Dieu".

Marc 4:11

"Ne jugez point, afin que vous ne soyez point jugés".

Matthieu 7:1

L'ancrage

La connexion à la Terre est importante lors de ton éveil spirituel. Elle permet de prendre les décisions en pleine conscience. De maintenir la stabilité émotionnelle et d'évoluer dans un cocon sécuritaire.

L'ancrage te permet de vivre dans l'instant présent, laissant de côté les eaux troubles du passé. L'avenir est un jour, plus un jour, plus un jour.

Si tu te concentres à être ancré et serein juste ici et maintenant, ton avenir sera d'une incroyable plénitude.

L'ancrage te porte la lucidité, ouvre ta capacité à discerner les expériences et les enseignements, différencier le bien du mal. L'ancrage et l'instant présent pratiqués quotidiennement te permettent de te protéger face aux vibrations négatives et amoindrissent tes peurs.

Tu y trouves la pérennité de cet espace-temps, le présent : la puissance du moi profond.

Se reconnecter à Gaïa est indispensable et salvateur. Surtout pour toi, belle âme hypersensible. De par sa nature enrichissante et bienfaisante, elle te libère de tes croyances limitantes. Quand tu te connectes à cette surface guérisseuse, tu renvoies toute ta lourdeur et le toxique au centre de la Terre, cette Terre Mère te purifie de par ses majestueuses racines reliées au centre de pureté, dénoue tes pensées négatives. Tes émotions et sentiments nuisibles pour ton bien-être redescendent dans les profondeurs laissant la place à ton état naturel: l'amour. Tu es fait uniquement de cet amour, ne l'oublie jamais. Tout le reste te traverse et s'y installe seulement lorsque tu ne prends pas garde à préserver le divin en toi.

La nature, les fleurs, les arbres sont de doux présages de purification. Laisse-toi surprendre par leur pouvoir enchanteur et révélateur de paix. Puise dans tes racines les forces pour grandir, rend à la Terre les mauvaises herbes et les ronces portées depuis trop longtemps. Sois la fleur de l'amour: le paradis sur terre à ce parfum suave qui émane de ton cœur purifié.

"Marie, prenant une livre d'un parfum de nard pur de grand prix, oignit les pieds de Jésus et les essuya avec ses cheveux; et la maison fut remplie de l'odeur du parfum".

Jean 12:3

"L'herbe sèche, la fleur tombe; mais la parole de notre Dieu subsiste éternellement".

Esaïe 40:8

La graine

L'amour guérit, l'amour grandit, l'amour sourit.

L'amour pardonne, l'amour cicatrise, l'amour vivifie.

L'amour suffit. Tout ce dont tu as besoin est dans ton cœur. Cesse de chercher à l'extérieur mais apprivoise ton intérieur.

Chaque cellule de ton corps meurtri a besoin de cet amour.

Chaque respiration, chaque pensée et chaque jour ont besoin d'amour. Tu es cet amour, tout est déjà là, il ne tient qu'à toi de t'en souvenir. L'amour est la guérison et la fusion de cette Nouvelle Terre. L'unité est primordiale pour la reconstruction de la planète. S'unir à Dieu, s'unir aux autres. Tout amour semé, tôt ou tard, fleurira.

Sois cette graine, si infime et imperceptible dans cet Univers, mais tellement puissante. A l'instar d'une graine de moutarde, construit le temple divin. Devient le refuge des âmes en peine.

"Le royaume des cieux est comparable à une graine de moutarde, si bien que les oiseaux du ciel font leurs nids dans ses branches".

Matthieu 13, 31-35

Les saintes écritures lisent en toi comme Dieu lit dans ton cœur. Garde la foi d'un meilleur à venir, à bénir.

Dieu te connaît mieux que personne ici-bas, mieux que toi-même, fais lui confiance et tu verras ta vie changer.

Tu n'as rien à perdre, tout à découvrir et à comprendre.

A te souvenir et à apprendre.

A être et devenir. Pour rencontrer Dieu, tu dois juste être rempli d'amour.

Dieu t'aime d'un amour infini, tel un père aime son enfant.

Un bon berger donne sa vie pour ses brebis. Sois toi aussi le berger des âmes en détresse. De par ton amour, tu sèmes les vibrations célestes qui bénissent la Terre et tiennent leurs promesses. Le second avènement, c'est toi. C'est le retour de l'amour en chacun.

"Si vous aviez la foi comme un grain de moutarde, vous diriez à cette montagne : Transporte-toi d'ici à là, et elle se transporterait".

Matthieu 17:20

"La graine a poussé, elle est devenue un arbre".

Luc 13, 18-21

"Je suis le bon berger. Le bon berger donne sa vie pour ses brebis".

Jean 10:11

Le bilan

Permets-toi de faire un point sur ta vie. Où en es-tu ? Qu'est-ce que tu n'as pas encore accepté et qui te ronge ? Qu'as-tu expérimenté ? Qu'est-ce qui est intégré, torréfié ? Pose-toi les bonnes questions, prends du recul et analyse. Qui es-tu quand tu es seul face à toi-même ? Écris le bilan, visualise sur le papier à quel niveau tu te situes dans cette incarnation. Fais régulièrement ce bilan, pour en extraire le nectar, laisse partir les débris. Le sentier est tortueux mais garde toujours en toi cette foi que le meilleur reste à venir. Exige à ton âme de s'accomplir. Cours après tes envies, tes besoins et tes rêves. Tu es divin.

"A Dieu tout est possible".

Matthieu 19:26

Lorsque tu dérives, trouve le vent qui te fera reprendre la bonne direction. Il y aura encore des tempêtes et des épreuves mais c'est la façon dont tu les recevras qui en fera des gouffres ou des leviers. La foi en toi est ton bâton de vieillesse, elle te porte et t'accompagne, te solidifie.

Tu es le maître du jeu quand tu écoutes ton cœur et que tu crois en tes dons. Le chemin du cœur est le bon, si tu ne l'écoute pas, c'est plus compliqué de revenir sur ta mission de vie. La main de Dieu intervient toujours lorsque tu t'égares.

"Si l'un de vous a cent brebis et qu'il en perd une, n'abandonne-t-il pas les quatre-vingt-dix-neuf autres dans le désert pour aller chercher celle qui est perdue, jusqu'à ce qu'il la retrouve ?"

Luc 15,4

Jésus dit :

"Moi je suis le bon berger. Mes brebis écoutent ma voix, je les connais et elles me suivent".

Jean 10:14, 27

"Réjouissez-vous avec moi, car j'ai retrouvé ma brebis qui était perdue".

Luc 15:6

Dieu viendra toujours te sauver. Tu as juste à y croire.

"N'ayez pas peur; croyez seulement".

Marc 5:36

"Ta foi t'a sauvée, va en paix".

Luc 7:50

Fais confiance au Créateur, aux anges, à tes intuitions.

Reste ouvert au changement, tout est en mouvement, rien n'est figé. Tu n'es pas ici-bas pour que le chemin soit facile, mais pour qu'il soit évolutif. Quand la vie ne répond pas à tes attentes, c'est normal, cela fait partie de l'éveil. Non pas pour te frustrer ou te faire souffrir. C'est ainsi pour te faire lâcher prise et t'en remettre totalement à Dieu. Une vie planifiée est ennuyeuse. Une vie remplie de surprises est enivrante. Laisse-toi porter dans la main de Dieu, tu peux t'abandonner et te délester de ta volonté de tout programmer, tout savoir à l'avance, tout organiser, en pensant que ta vie est parfaite. Seule la volonté de Dieu est parfaite car elle sait tout ce dont tu as besoin pour revenir à toi et lâcher tes exigences et ton mental. T'affranchir de tes peurs et trouver la foi. Souris, tout est bien, tu es protégé et en sécurité, le contrôle t'enferme, la confiance en Dieu te révèle. Laisse-toi porter et profite du voyage. Il arrivera un jour où tu feras le bilan et tu comprendras alors que toutes les étapes franchies sont parfaitement orchestrées dans un processus plus que divin, somptueux. Car il te mène vers ta destinée. Sors de la lutte et abandonne tout besoin de contrôle. Tout est parfait.

Laisse-toi surprendre par le plan divin. Dieu a prévu un rêve bien plus grand que celui que tu as imaginé, étriqué dans tes peurs.

Le bilan t'invite à faire un travail sur toi, un temps d'introspection. Un peu comme le Carême en mars ou en sur le temps de l'Avent en décembre. C'est un point sur ce que tu dois mettre pour atteindre Pâques et Noël. La renaissance et la naissance .

Que mets-tu en place pour y parvenir ? Pour renaître de tes cendres, pour naître à toi ?

Interroge-toi sur ces facettes de ta vie, comment atteindre ce que tu souhaites vraiment, de façon objective.

Le bilan t'invite à effectuer des changements salutaires à ta progression, équilibrer les dysfonctionnements qui te maintiennent dans le mal-être, dans l'insatisfaction de ton quotidien. Ces ajustements reflètent ta capacité à laisser vibrer le divin en toi. Ton miracle se trouve de l'autre côté de tes peurs. Explore ce qui est hors zone de confort. Le plus merveilleux ici-bas se trouve dans la prise de risques, l'immoral, le sinueux. Le trésor se trouve dans l'irraisonnable, dans l'audacieux et le périlleux. Le trésor est humble. Il est offert aux plus forts et courageux. Ce trésor est rare et il est pour toi.

"Le royaume des cieux est semblable à un trésor caché dans un champ".

Matthieu 13. 44

La victoire

Tu es un être exceptionnel, unique et rare. Tu es toi, celui dont ce nouveau monde a besoin. Huit milliards d'individus et toi. Quelle vaste palette de couleurs; dans ce monde, quelle teinte spéciale vas-tu offrir ?

Tu es un être spirituel vivant une expérience charnelle. Un être rempli de grâce, de lumière et d'excellence. La perfection du Créateur. L'éternel dans sa sublime perfection terrestre. Aime-toi tel que tu es. La guérison et cette légendaire paix intérieure s'offrent à toi lorsque tu t'acceptes ! Sans compromis ! Comment s'aimer ? Matière principale de l'éveil…

(…qui devrait être enseignée à l'école, je ne me sers pas trop de Pythagore ces jours-ci) !

Aime ta présence, aime ta voix, ton physique. Aime tes travers et tes splendeurs.

TU es unique. Huit milliards d'individus et toi, seulement toi. Tu es choisi pour incarner la lumière, le potentiel, le diamant.

Tu es l'élu, porte cette mission avec fierté. L'amour et l'humilité, subtile connivence céleste.

Comment veux-tu attirer l'amour si tu ne t'aimes pas?

Comment être uni aux autres sans amour pour toi?

Tu es la première personne à qui donner de l'amour, le reste suivra.

Reviens à toi, sors du sacrifice. Priorise-toi. Tu n'en seras que plus enclin à partager. Invite la connexion à ton âme supérieure. La meilleure version de toi, l'âme sacrée. Caresse la promesse de ne plus jamais te dissocier de cette âme supérieure, mais de l'incarner dans toute sa splendeur.

Que veux-tu être et devenir?

Le bon moment, c'est maintenant !

Tu amorces ce moment lorsque tu conscientises que tout est à ta portée.

Ton essence divine est une perle rare, profite de ce voyage pour irradier le monde de ce cadeau. Tes plus belles victoires sont déjà en toi, le guerrier de lumière vit en ce moment sacré la conquête de ses rêves.

"Tout ce qui est né de Dieu remporte la victoire contre le monde, et la victoire qui a triomphé du monde, c'est votre foi".

1 Jean 5:4

"Remercions Dieu qui nous donne la victoire par notre Seigneur Jésus-Christ".

1 Corinthiens 15:57

Les larmes

Les larmes purifient ton âme, éclairent ton avenir et bénissent ton cœur. Tout devient pur et éternel, lorsque tu laisses aller le poids de ta tristesse.

Pleurer libère tes blessures les plus profondes, les transmutant par la douceur de ton être divin.

Remets ton fardeau à la source, tu le portes depuis trop longtemps.

Accueille le présent en acceptant de te délester de tes peines. Intègre de ne pas être celui qui doit tout garder, endurer toutes tes souffrances, également celles de tes proches. Ne sois pas redevable à vouloir souffrir si tes proches le font. Si tu as l'habitude de porter leurs blessures, détache-toi de ces liens toxiques et autorise-toi à couper ce qui te bloque dans ton accomplissement. Reconditionne-toi sur la certitude de ne plus jamais souffrir et de recevoir les bénédictions de ton incarnation. Lorsque tu vis ton éveil à travers de grandes souffrances, il arrive un moment où tu as assez souffert et tu récoltes enfin les grâces. Tu as vécu tous ces drames pour te faire évoluer et lorsque tu as compris et intégré l'enseignement, tu ne revis pas cette traversée du désert. La vivre pour ne plus la revivre. Offre-toi ce cadeau de laisser couler tes larmes pour abandonner cette lutte et atteindre la légèreté, la libération. Avoir la vulnérabilité de laisser partir tes douleurs, c'est les autoriser à sortir de toi, de laisser partir l'ancien, le pesant, le périmé, le poussiéreux. C'est créer un espace pour le nouveau, le mieux, le sain.

Pour le meilleur, car tu le mérites et tu le reçois, une fois que tu refuses de continuer à subir.

Te libérer de tes larmes demande un courage inouï. Cela te force à renoncer à ce à quoi tu te tiens. Tes attentes, tes repères, tes objectifs. Tout s'écroule pour laisser la possibilité à ton destin de se construire. Faire de la place pour ce qui est écrit, lâcher ce que tu pensais être le mieux pour toi. Lâche ce que tu n'acceptes pas, pour enfin te tourner vers l'avenir. Un avenir meilleur que tout ce que tu peux imaginer, lorsque tu alimentes cette foi à ne laisser entrer que le meilleur, le pur, le divin.

Visualise-toi dans ces nouveaux jours lumineux qui arrivent.

Déposer tes souffrances te permet de guérir. Tant que tu maintiens tes afflictions à l'intérieur de toi, elles te font tournoyer dans les sillons de tes ténèbres.

Elles te cloisonnent dans les méandres de ta tristesse.

Accepter de t'en libérer te fera t'élever au-delà de cet emplâtre latent qui te limite dans ta réalisation.

Jésus est là pour toi, il te voit et te connaît.

Qui es-tu quand personne ne te regarde ? Que portes-tu caché au plus profond de ton cœur ? C'est ce poids que tu dois lui déposer. Tel un frère, un meilleur ami, il te comprend.

L'énergie christique n'est autre que l'amour inconditionnel, fusionnel et consolateur. Accède au divin en te permettant de te rallier au sacré en te débarrassant de toute ta tristesse, de tout ce qui te détruit. Nul besoin de prières spécifiques, confie avec ton cœur et de simples mots comme quand tu parles à un ami.

Le divin parle le même langage que toi, celui du cœur. Tourne-toi vers lui et confie tes angoisses et ton mal-être. Laisse-le te bénir et t'offrir ce que tu souhaites au plus profond de ton cœur. Ta foi en lui ouvre cette manifestation dans la matière, il suffit juste d'y croire. Tu accèdes à la vie de tes rêves lorsque tu libères ce qui te ronge. Si tu es sceptique, expérimente pendant quelques semaines et tu verras les changements opérés dans ton quotidien. Surtout dans tes vibrations: en se délestant de tes peines et angoisses, tu te sentiras beaucoup mieux. Libère ce qui t'affecte et te détruit, confie ce que tu ne parviens pas à accepter. Une fois que tu as lâché prise sur tout cela, il y a la place dans ta vie pour recevoir les bénédictions. Si une boîte est remplie à ras bord de déchets, il n'y a plus de place pour les bijoux. Quand la boîte est vide, tu peux fabriquer une boîte à trésors. Pour te remplir du plus rare et précieux, déleste-toi de tes impuretés émotionnelles.

Abandonne ce qui te fait souffrir par ces larmes qui libèrent ton esprit et purifient ton corps. N'as-tu jamais remarqué qu' un enfant va mieux après avoir pleuré à gros sanglots? Les adultes répriment et contiennent trop! Les larmes ouvrent la porte à ton avenir et subliment ton destin.

"Ceux qui sèment avec larmes moissonneront avec chants d'allégresse".

Psaume.126.5

Le corps

Prends soin de ton corps afin que ton âme ait envie d'y rester. L'emballage a son étroite importance. Salutaire et exhaustive, ton enveloppe charnelle doit être choyée.

Essaye de parfaire ton alimentation, sans te restreindre, trouve l'équilibre. Les plaisirs de la vie attirent la paix intérieure. Tu peux manger correctement et te permettre des écarts, tout est question d'équilibre. Privilégie des aliments à haute fréquence, le reste en occasionnel, sinon ton corps sera lourd et inefficace. Hydrate généreusement tes cellules, la régénérescence opère à ce niveau. Aime ce corps, il est ton allié dans cette odyssée terrestre. Écoute-le, il sait mieux que toi ! Cultive les bonnes vibrations afin de faire circuler les énergies. Apprend à accueillir toutes les émotions qui viennent te submerger, elles ne font que te traverser, ne l'oublie jamais. Tu es rempli uniquement d'amour, le reste est de passage. Pour libérer les douleurs, intègre l'enseignement. Tout est parfait, la sagesse est aussi de ne pas avoir les réponses. Elles viendront un jour prochain, au bon moment. Pour l'heure, concentre-toi sur ce petit corps qui a besoin d'être bordé et rassuré. Concentre-toi sur ta tonicité et ta fermeté, un corps solide pour recevoir les grâces divines!

Peu importe la pierre sur ton chemin, fais-en un pont. Les obstacles sont là pour être dépassés, sinon comment pourrais-tu conscientiser tes forces ?

Ton corps aime la marche en nature, les premiers rayons de soleil, la fraîcheur d'un ciel étoilé. Laisse ton âme apprécier son hôte, baigne dans les sensations que t'offrent la vie ici-bas. La matière est dense mais peut, quand tu lui permets, devenir aussi légère qu'une plume.

Vibre ta puissance avec un corps jeune et dynamique, à tout âge. Tout vient de l'intérieur. Aime ton corps et ton physique et tu ne vieilliras jamais. Le visible est éphémère, la beauté de l'âme est éternelle. Aime-toi et tu seras le plus beau. Rassure-toi, vieillir est un privilège qui n'est pas donné à tout le monde. Les grands maîtres spirituels n'ont que faire du paraître. Les rides ne sont-elles pas le reflet de la sagesse ? Détache-toi du regard des autres et des normes de la société, des ordres et lois de beauté. Sors du moule afin d'éviter de ressembler à une tarte!

Tu es la merveille de Dieu, ta magnificence ne demande qu'à vibrer haut. Le luxe ici-bas, c'est d'être aligné à l'amour christique, devenir délicatesse et bienveillance.

Voici tes armes de séduction pour conquérir la Nouvelle Terre.

La lumière de Dieu brille en toi.

"Les âmes se reconnaissent mutuellement par vibration, non pas par les apparences".

Victor Hugo.

Incarne la beauté divine que Dieu a créé à son image.

"Tu es toute belle, mon amie, il n'y a aucun défaut en toi".

Cantique des cantiques 4:7

Les flammes jumelles

Dieu a créé ton âme, merveilleuse et remplie de promesses d'éveil pour cette Terre. Une âme guérisseuse et savante venue rayonner l'énergie christique. Puis elle a été scindée en deux.

La vie te fera peut-être, par miracle, retrouver cette moitié. La partie qui te manque depuis toujours, ton autre. Plusieurs vies à se perdre, à s'attendre, pour enfin se retrouver dans une dernière incarnation en commun. La plus divine de par cette réunion qui représente l'accomplissement de vos âmes.

Pour unique but d'incarner la plus haute forme d'amour sur Terre, afin de l'aider dans cette transition et ainsi éveiller les êtres en quête de guérison et d'évolution.

Façonner l'âge d'or, sacraliser le couple.

"De quoi que soient faites nos âmes, la tienne et la mienne sont pareilles".

Le parcours avec ton âme jumelle est une vertigineuse chute où tu sombres dans tes propres ténèbres. Un puits sans fond où personne ne peut te sauver, sauf toi. Peu importe les blessures à transmuter, ce contrat d'âme est indéfectible. Il t'oblige à travailler sur tout ce qui fait que tu n'es pas encore positionné dans ta réelle mission de vie. Ce parcours t'est offert pour te guérir, te transformer et te permettre de devenir l'être de lumière que tu as choisi d'incarner.

"Ce que tu fuis, te poursuit, ce à quoi tu fais face, s'efface".

Tu dois affronter tout ce que tu as peur d'affronter. La rencontre avec l'âme jumelle arrive dans ta vie lorsque tu ne t'y attends pas et te bouleverse violemment. Elle vient te pousser dans tes derniers retranchements afin de te propulser dans ton essence divine. Tu expérimentes cette transformation de la manière la plus douloureuse qu'il soit. Lorsque tu conscienties le fait d'être en parcours d'âme jumelle, tu es bien loin de considérer ce lien comme un cadeau divin. A l'inverse, c'est un cauchemar qui demande à être accepté et mis en lumière. C'est un peu comme arriver à bénir ce qui te brise. Tu y parviens, lorsque tu transformes tout ce qui est sombre et toxique en toi en amour.

Toutes les blessures karmiques et transgénérationnelles sont revues à la loupe pour y déposer de la lumière dans les moindres recoins. Transcender l'obscurité. L'ultime voyage, l'ultime destination, pour les rares âmes porteuses de l'énergie christique. Les retrouvailles. La rencontre d'âmes. L'unique amour pur et sincère entre deux êtres. Inaccessible au commun des mortels. Unique et révélatrice, infinie. Un cadeau à aller chercher soi-même.

Contrat divin. Tu ne peux pas choisir de rencontrer ton âme jumelle, ni la chercher, ni te persuader de l'avoir rencontrée. A contrario, si la rencontre a lieu, tu ne peux pas t'extraire du parcours, le nier, le fuir. Il est impossible de couper ce lien d'âmes, vouloir l'oublier ou le rejeter est l'équivalent de refuser le divin en toi, c'est renier ton âme, te trahir. Contrat d'âmes christiques. Les rares maîtres persévérants dans la foi et l'introspection, l'humilité et la patience, auront la grâce de se retrouver, de se reconnaître et après un très long parcours, d'incarner la vibration christique à l'état pur.

La guérison divine, la providence universelle, la quête, l'illumination. Cet amour est tellement puissant qu'il te fait peur, même très mal dans la poitrine en reconnaissant vibratoirement ta moitié, le partenaire de tes vies. Le cœur enflammé d'un amour véritable qui résiste au temps qui passe et se grave dans ton cœur au fer rouge de l'énergie christique, l'empreinte éternelle.

La reconnexion avec ton âme jumelle te fait tout perdre : tes croyances, tes principes, tes ancrages ; tout ce sur quoi tu t'es construit. Tu te perds toi, tu vis la nuit noire de l'âme, la mort de ton âme. Longue et sanguinolente. Expérimenter le néant, et parvenir à en sortir, pour atteindre la glorification, la transfiguration de ton être en éternel maître christique.

Ainsi incarner la dimension du couple sacré.

Jésus et Marie-Madeleine.

Le parcours de reconnexion à son âme jumelle est le plus douloureux à vivre, de par sa longueur et sa trop haute exigence en travail intérieur. Lorsque l'enseignement est intégré et accepté, le cadeau divin apparaît, tout devient alors évidence.

"Tout ce que l'on réprime, s'imprime.

Tout ce à quoi l'on résiste, persiste.

Ce qui nous affecte, nous infecte.

Ce que l'on fuit, nous poursuit.

Ce à quoi l'on fait face, s'efface.

Ce que l'on visualise, se matérialise.

Ce que l'on bénit, nous ravit".

"Ce que Dieu a uni, que personne ne le sépare". Marc 10, 1:12

"JE T'AIME parce que tout l'Univers a conspiré à me faire arriver jusqu'à toi".

L'alchimiste, Paulo Coelho.

La magie

Tu es un enchanteur céleste, un rebouteux charnu enfermé dans un monde matériel, superficiel et conventionnel.

Sortir du moule est compliqué pour toi qui considère cette prison comme salutaire. Regarde et perçois au-delà du voile, de la forme. Ressens et écoute. Descends dans ton cœur et excelle. Sors de ce cloître, ce quotidien de limites. Fais paraître ton étincelle divine. Détache-toi du drame, tout est parfaitement orchestré, mets ta couronne sur ta tête.

Les épreuves, les déceptions, les tragédies non acceptées et non mises en lumière te font sombrer et étouffent ton essence divine. Lâche et ouvre ton cœur. Divulgue ton génie, exprime ta créativité.

Incarne ce monde magique, ésotérique, féérique et angélique.

La magie apparaît dans ta vie lorsque tu commences à y croire. Tout est possible. Tout est effusion dans ce monde parallèle aux dimensions fantastiques. Tu es le créateur de ta vie. Tu es ton propre guide, fais-toi enfin confiance. Tu es capable ici-bas de manifester l'incroyable, le meilleur, l'inconcevable accomplissement. Les précédents obstacles provenaient de tes peurs, la magie que tu possèdes les dissipe lorsque tu te mets en route.

Garde un mental positif, entoure-toi de personnes bienveillantes et lumineuses, tu en récolteras de succulents fruits. Exprime ta vérité intérieure, place tes priorités en haut de la liste et ne laisse rien ni personne te détourner de tes objectifs de vie. Tu attires ce que tu vibres alors vibre très haut !

Fais tes voeux, à chaque cycle lunaire, aux portails ascensionnels. Les vibrations de Terre Mère ne cessent d'augmenter, tu peux t'y fondre et ainsi prendre l'impulsion d'élévation. Visualise le monde dans lequel tu veux grandir et évoluer. Tu as les mains de maître pour le bâtir. La Nouvelle Terre a besoin de magiciens, l'âge d'Or est la manifestation d'enchantements divins. Le dessein de Dieu par l'amour christique en chacun.

L'hypersensibilité

Tu ne peux pas être une vieille âme en quête d'éveil et ne pas être hypersensible. Bienvenue dans ma vie !

Les vieilles âmes ressentent la souffrance de ce monde. Elles portent en elles les fardeaux émotionnels de l'humanité. Chaque agression ou événement rempli de fortes émotions te fera ressentir ces perceptions. Chaque être en détresse mis sur ton chemin te mettra face à cette hypersensibilité. Tu regardes le monde avec les yeux du cœur, tout est fait de ressentis extrêmes, de sentiments exacerbés.

Accueille ce don car oui, c'est bien un don à exploiter et non à subir.

Ce don est inné et te propulse dans ta mission de guérisseur. Les vieilles âmes ont un parcours de vie difficile, jusqu'à ce qu'elles incarnent leur souveraineté. Enfance difficile, épreuves de vie douloureuses, traumatismes émotionnels très tôt. Manque d'amour, trahisons et humiliations font partie de ce merveilleux voyage des dernières incarnations. Tu as encaissé les coups d'une telle violence que ces blessures sont enfouies au plus profond de ton être et pour cela l'éveil consiste à t'en libérer. Ces douleurs t'enferment et tu as tellement réprimé tes émotions depuis l'enfance que cela t'as fait te mettre en retrait, en analyse, en écoute. Tu perçois l'imperceptible, le sourd, le muet. Tes dons se sont construits grâce à ces terribles émotions qui t'ont rendu hypersensible. Cette hypersensibilité te permet de tout canaliser, de ressentir, de lire dans les yeux de chaque âme meurtrie. Car la souffrance des autres résonne sur la tienne. Tout ce que tu contiens est transformé en capacité à comprendre la douleur des autres. De par ton silence et ton analyse, tu décèles les plus profonds chagrins des êtres. Tes perceptions subtiles se sont développées grâce à cette douleur reçue très jeune. Sans cela tu ne pourrais pas être l'empathe que tu es. Bénis cette hypersensibilité à tout ressentir de façon extrême, elle te guide vers une émotivité authentique indispensable pour incarner tes dons et ta lumière, pour être lié aux autres, pour vouloir aider et guérir les âmes affligées. Sans cette connexion d'amour tu ne peux pas guider. L'énergie de Jésus et son amour inconditionnel qui le définit naît de cette fusion de toi envers l'autre. La douleur ressentie face à une personne qui souffre se transforme par ce lien en énergie de guérison.

Jésus ressent et comprend ta douleur car il a souffert pour t'offrir aujourd'hui la guérison.

La connexion directe à la source. Le miracle. Ton hypersensibilité est authentique, la Nouvelle Terre a besoin de ces pures émotions afin de se construire paisiblement.

Dévoile ces dons à travers ta créativité, elle fait grandir l'humanité. Ne subis plus ton émotivité, elle est la clé qui ouvre la voie de l'éternité.

"Le Dieu de toute grâce vous a appelés en Jésus-Christ à sa gloire éternelle. Après que vous aurez souffert un peu de temps, il vous rétablira lui-même, vous affermira, vous fortifiera, vous rendra inébranlables".

1 Pierre 5:10

La sexualité

Ne te soumets pas à des relations éphémères, tristes et fades.

Une sexualité sacrée relie deux âmes. Intimité charnelle et fusion des corps, reconnexion divine. Ne te laisse pas aller dans les déboires sans intérêt pour l'être. Privilégie les rares rencontres célestes. L'union des corps est un engagement, une preuve d'amour sincère. Pour deux âmes souhaitant construire et consolider leur couple, s'abandonner à la complicité charnelle éveille la plénitude des sens. Avoir une sexualité épanouie est important dans la réalisation de soi. L'accomplissement du couple divin tels deux cygnes blancs représentant la fidélité et l'engagement éternel. Unis pour la vie entière. Pas de possession, pas de jalousie, le couple divin est confiance et harmonie, avenir serein et stable. Sacralise ta sexualité, cultive dans ton couple la complicité et le partage dans ces étreintes corporelles qui deviennent guérison de l'âme. Prends ton temps pour aimer, pour choyer. Les caresses restent gravées dans les cellules. Les énergies se libèrent, la kundalini se réveille. Masculin et féminin sacrés emportent le couple dans le vortex de symbiose éternelle. La sexualité sacrée est un don de soi, la guérison des blessures, l'amour inconditionnel sans avoir peur de souffrir, l'unité.

La confiance restaurée, l'équilibre retrouvé. Le couple épanoui sexuellement cultive la joie et la félicité des retrouvailles charnelles. Donner et recevoir du plaisir, dans l'amour, sans culpabilité ou retenue. Etreintes éternelles portant les amants vers des dimensions célestes ressourçantes. La sexualité sacrée élève les corps telle la promesse de régénérer et de vieillir unis en beauté. Ton épanouissement sexuel sublime ton quotidien. Cultive ce lien des corps afin que ton couple s'élève encore plus haut en dévotion et mariage des âmes. Sur ton chemin, tu côtoies de nombreux corps mais tu ne rencontres qu'une seule âme destinée à l'union sacrée. Quand tu la reconnais, prends soin d'elle chaque jour que Dieu t'offre à vivre. La relation se cultive, se préserve et se vénère.

"Ce que Dieu a uni, que personne ne le sépare". Marc 10, 1:12

"Du reste, que chacun de vous aime sa femme comme lui-même, et que la femme respecte son mari".

Ephésiens 5:33

"J'aurais beau être prophète, avoir toute la science des mystères et toute la connaissance de Dieu, j'aurais beau avoir toute la foi jusqu'à transporter les montagnes, s'il me manque l'amour, je ne suis rien".

1 Corinthiens 13:2

La baguette magique

A ce stade de lecture, tu détiens désormais tous les outils pour travailler tes blessures: pardon, acceptation, compassion...

Tu connais maintenant quelques paroles de Jésus. Si malgré cela, tu ne ressens pas la foi de trouver la paix intérieure et le bonheur, cela semble impossible ou trop beau ou peut-être as-tu déjà lu cela dans les livres de développement personnel, et qu'il te manque encore l'élément déclencheur. Voici donc la clé contre tous tes maux, celle qui réalise tous tes rêves, te protège et te libère de tout mal : Le Rosaire.

Tu as déjà dû voir les mamies avec un chapelet, à réciter les *« je vous salue Marie »*. Tu vas comprendre pourquoi le chapelet est très puissant.

Tu peux, en vingt minutes par jour, obtenir des grâces divines.

Parce qu'il n'y a pas le fils sans la mère, Marie t'offre tout ce que tu souhaites à travers son chapelet. Chaque jour, tu récites ton chapelet en suivant les mystères du jour, rien de plus. Marie s'occupe de tout. C'est un peu le passage de main, tu confies à Marie, tu lui fais confiance. Là encore il n'est pas question de religion mais d'amour. L'amour chaleureux d'une mère que tu n'as pas eue, la protection d'une grande sœur que tu as perdue, la compassion d'une meilleure amie qui t'accepte tel que tu es. En te connectant à la Vierge Marie, elle t'enveloppe de son manteau de tendresse, de sa douceur maternelle. Il n'en tient qu'à toi de l'expérimenter. En priant le chapelet, au fil des grains, tu ressentiras cet amour bénir tes peines et tes douleurs. Dans le livre ***"Le Rosaire de la vierge Marie et ses merveilles"***.

Livre blanc noir édition CTAD, tu y trouves les mystères de la vie de Jésus. A travers ses enseignements tu trouves tes dons de guérison et d'éveil.

"Dites le Rosaire tous les jours pour obtenir la paix pour le monde et la fin de la guerre".

Apparition Mariale, Fatima, 1917.

Les quinze promesses de la sainte Vierge Marie pour ceux qui prient le chapelet:

1) A tous ceux qui réciteront dévotement mon rosaire, je promets ma protection toute spéciale et de très grandes grâces.

2) Celui qui persévérera dans la récitation de mon rosaire recevra quelques grâces signalées.

3) Le rosaire sera une armure très puissante contre l'enfer; il détruira les vices, délivrera du péché, dissipera les hérésies.

4) Le Rosaire fera fleurir les vertus et les bonnes œuvres et obtiendra aux âmes les miséricordes divines les plus abondantes; il substituera dans les cœurs l'amour de Dieu à l'amour du monde, les élevant au désir des biens célestes et éternels. Que d'âmes se sanctifieront par ce moyen!

5) Celui qui se confie à moi par le Rosaire, ne périra pas.

6) Celui qui récitera pieusement mon Rosaire, en considérant ses mystères, ne sera pas accablé par le malheur. Pécheur, il se convertira; juste, il croîtra en grâce et deviendra digne de la vie éternelle.

7) *Les vrais dévots de mon rosaire seront aidés à leur mort par les secours du ciel.*

8) *Ceux qui récitent mon Rosaire trouveront pendant leur vie et à leur mort la lumière de Dieu, la plénitude de ses grâces et ils participeront aux mérites des bienheureux.*

9) *Je délivrerai très promptement du purgatoire les âmes dévotes à mon Rosaire.*

10) *Les véritables enfants de mon Rosaire jouiront d'une grande gloire dans le ciel.*

11) *Ce que vous demanderez par mon Rosaire, vous l'obtiendrez.*

12) *Ceux qui propageront mon rosaire seront secourus par moi dans toutes leurs nécessités.*

13) *J'ai obtenu de mon fils que tous les confrères du Rosaire aient pour frères, en la vie et à la mort, les saints du ciel.*

14) *Ceux qui récitent fidèlement mon Rosaire sont tous mes fils bien-aimés, les frères et sœurs de Jésus-Christ.*

15) *La dévotion à mon Rosaire est un grand signe de prédestination.*

(La sainte vierge à Saint Dominique et au bienheureux Alain de la Roche)

Extrait du Livre "LE ROSAIRE DE LA VIERGE MARIE ET SES MERVEILLES" Editions CTAD.

Au fil des jours, le rosaire te purifie et dépose de l'amour dans les mystères où se trouvent tes blessures et tes faiblesses. Quand tu récites le chapelet, Marie vient te combler là où sont tes failles, pour les remplir d'amour et t'éveiller à l'état pur. Au fil des étapes de la vie de Jésus, l'enseignement apparaît. Tu comprends alors qu'il détient toutes les clés de ta guérison.

Voici les fruits des vingt mystères à méditer et à approfondir afin de trouver la paix intérieure et la guérison.

Les Mystères Joyeux :

Obéissance, Confiance en Dieu.

Amour du prochain, Charité.

Humilité, Pauvreté, Simplicité.

Pureté de corps, du cœur et de l'Esprit.

Recherche de Dieu, Intériorité, Sagesse.

Les Mystères Douloureux :

Grand regret d'avoir offensé Dieu, Confession.

Éviter les occasions de pécher, Pénitence.

Regret des péchés d'orgueil.

Patience dans les épreuves, Uni à Jésus.

Pardon aux ennemis.

Les Mystères Glorieux:

Foi.

Désir et espérance du Ciel.

Dons du Saint Esprit.

Bonne mort, Fidélité à Jésus.

Amour, Dévotion et confiance en Marie.

Les Mystères Lumineux:

Vocation à la Sainteté.

Intercession de Marie.

Écoute de Dieu, Conversion.

Union à Jésus, Contemplation, Prière.

Amour pour Jésus et l'Eucharistie.

Ces vertus te feront prendre conscience de tes blessures et te permettront ainsi de réussir ton éveil, par l'intercession de Marie.

Reine des anges, Marie de par son amour t'aide à t'accomplir. Au fil des mois, la magie opère…

La réconciliation

Dans un monde où Jésus est oublié et Dieu perçu comme punitif ou même inexistant, il est temps de se reconnecter au Créateur, le Dieu d'amour. A cause des individus qui détruisent cet amour Divin, l'Église est souillée et pervertie, la religion est perçue comme emprisonnante, démodée. Le monde se divise alors que l'amour est le pilier de la religion. Il est devenu bien compliqué d'avoir envie de se connecter et de croire en Dieu. Alors que c'est en se tournant vers Dieu que le monde évolue, peu importe la religion, l'essentiel est de croire au divin et de respecter les choix de chacun. Nous sommes tous unis et reliés à Dieu, la guérison universelle est de s'unir et de s'accepter, malgré nos différences.

Entre les mensonges et les manipulations, la violence et les guerres, la rébellion et la purification de notre Terre, il existe pourtant bien ce chemin qui mène à Dieu. Un chemin de victoire, de paix et d'amour.

Dans un parcours de vie difficile, dans la dépression et dans la chute, Jésus te tend la main. Il est là pour toi et t'enseigne l'amour. Il t'aime et fera tout pour toi, du moment que tu acceptes cette main tendue. Il est le chemin.

"Je t'aime et je ferai tout pour toi, toujours.

Je suis à tes côtés, je suis le bon berger. Je me soucie de toi, je porte tes blessures et je souffre avec toi. Je t'écoute et je te parle. M'entends-tu?

Dans le silence de ta souffrance je me présente à toi.

Je t'offre le plus beau des cadeaux: la vie éternelle.

La clémence, la liberté, l'étoile sacrée.

Je t'aime et je te guide. Je fais briller ton cœur tel un nouveau soleil dans ce monde. Je te baptise de mon amour. Je te couvre d'or et de diamants. Je t'aime, comme tu ne l'as jamais été. Viens à moi et je te sauverai. Je t'aime et tu le sais depuis toujours. Notre étreinte est si profonde. Je t'aime, tu es ma vie, tu es ma famille, mon sang. Je suis là et je te porte. Lâche, respire, vole enfin de tes ailes d'ange. Reprends confiance, ta foi t'a sauvé. Je m'exalte devant ta splendeur et ta détermination à vouloir guérir. Je suis fier de toi. Tu es moi et je suis toi, nous sommes UN".

"Amen je vous le dis".

Et si tout cela était vrai…

"Je ne sais pas où va mon chemin, mais je marche mieux quand ma main serre la tienne".

Alfred de Musset.

Réussir ton éveil spirituel

Écoute toujours tes intuitions, le chemin à prendre est celui du cœur.

Explore chacune de tes blessures, afin de les comprendre, les accepter et les libérer.

Cultive la foi, par les prières et les phrases affirmatives.

Aime-toi. Accepte-toi tel que tu es, maintiens un dialogue intérieur bienveillant.

Fais-toi confiance. Tu es capable de réaliser de grandes choses. Tu peux réaliser tout ce que tu souhaites.

Visualise tes rêves. Tu attires et tu crées ta vie grâce à la loi d'attraction. Vibre tes visualisations, comme si tu avais déjà reçu la grâce.

Pardonne à ceux qui t'ont blessé. Ils ne font pas partie du même niveau d'incarnation. Ils jouent un rôle dans ton évolution. Tu as certainement fait comme eux dans tes premières vies.

Pardonne tes épreuves de vie, ton contrat d'âme est défini pour que tu puisses évoluer, fais toujours confiance au processus divin, plus tard tu comprendras pourquoi tu as dû passer par là.

Libère-toi de toute colère. Elle te détruit, te ronge et alimente les liens toxiques. Elle te maintient dans la blessure d'injustice et empêche ta guérison.

Travaille tes blessures avec les livres de Lise Bourbeau, tu y trouveras des outils incroyables.

Accepte tout ce que tu n'as pas encore accepté, là se trouve la libération de ton âme.

Transmets tes enseignements ; ton expérience et ton éveil peuvent aider les âmes en détresse. Lorsque tu croises une âme qui a vécu exactement la même épreuve que toi, tu peux la guider avec le cœur, là se créent les miracles.

Guéris les autres. Donne de ton temps, de ton écoute, ton sourire. Conseiller ceux qui en ont besoin te guérit toi aussi.

Sors du jugement. Cesse de juger les autres pour leurs erreurs, ils sont en apprentissage. Si leur comportement ne te convient pas c'est parce qu'ils expérimentent une vie qui n'est pas sur les mêmes plans de conscience que toi. Leurs fautes font partie de ce qu'ils doivent expérimenter dans leur vie de noirceur. Détache-toi du jugement des autres. Tu ne peux pas plaire à tout le monde, sois toi.

Accepte les différences, il faut de tout pour faire un monde.

Incarne la joie avec de grands sourires et distribue de la gaieté. Le monde en a tellement besoin. Les enfants de Dieu se reconnaissent de par leur lumière et leur joie.

Lâche prise et vis l'instant présent. Sois cool ! Rien n'est grave, tout passe. Relativise et profite de chaque jour que Dieu te donne. Vis l'instant présent avec la gratitude d'être ici-bas.

Accepte d'être heureux et déleste-toi de tout ce qui te fait croire que tu dois souffrir. Tu mérites le bonheur.

Explore ton intérieur. Apprends à te connaître, passe du temps seul pour apprécier ta propre compagnie et te ressourcer. L'éveil se fait en descendant au plus profond de soi, pour y mettre de la lumière.

Pratique la méditation, même vingt minutes par jour, cela te fait te connecter à ton espace de paix, ton cocon présent à l'intérieur de toi.

Sors et vas te promener. Dans la nature, au parc, en bord de mer. Les vibrations stagnent lorsque tu restes enfermé. Prends un bol d'air frais et tu te sentiras beaucoup mieux.

Écris. Tes émotions, tes réflexions. Tiens un journal ou écris sur des feuilles à brûler. Prends le temps d'écrire les lettres de libération et de pardon, les vœux, les canalisations avec tes guides, tes inspirations du moment. L'écriture bénit, l'écriture guérit. Tout ce qui est sur le papier n'est plus à l'intérieur de toi à te ronger, écris ce que tu réprimes, ce que tu ressens, tes énergies circuleront beaucoup mieux.

Lis des œuvres qui te font vibrer. Peu importe les livres qui t'inspirent, la lecture apporte la sérénité. Tu deviendras également encore plus intelligent !

Développe ta créativité. Les arts plastiques, créations diverses, exploite ce potentiel. Tes émotions authentiques subliment ta créativité.

Écoute de la musique, celle qui te fait vibrer, chante, danse. Choisis des fréquences de guérison, écoute les soins de Luc Bodin, ils sont exceptionnels avec leurs fréquences divines de guérison.

Cultive ton âme d'enfant, revient à l'innocence de rire aux éclats et de t'amuser comme quand tu étais enfant.

Fais-toi plaisir. Chaque jour, offre-toi quelque chose qui te fait te sentir bien. Une pause au soleil, un mille-feuille, un pantalon, la vie est aussi faite de petits plaisirs !

Coupe les liens avec les personnes toxiques. Sans culpabiliser. Les individus qui te font te sentir mal, qui te jugent ou te sont indifférents. Entoure-toi des âmes bienveillantes qui illuminent ta vie, celles qui apprécient ta présence.

Pardonne-toi tes erreurs. Tu es en apprentissage, sois indulgent envers toi-même. Prie, inlassablement, la prière est ton oxygène, elle augmente ta foi et purifie ton cœur.

Donne de l'amour, autant que tu peux. Tout l'amour que tu offres te revient au centuple. Donne sans attendre en retour, tout amour semé fleurira tôt ou tard.

Confie à Dieu tes souffrances pour alléger tes fardeaux.

Intègre l'enseignement avec sagesse en acceptant de ne pas avoir toutes les réponses. Dans l'épreuve ne cherche pas l'ennemi, trouve l'enseignement. Les réponses viendront à toi au bon moment.

Cultive l'humilité, base de toute grandeur. Tu passes la première moitié de ta vie à te forger un orgueil, et la seconde à t'en débarrasser. L'humilité est la vertu la plus convoitée et la plus difficile à obtenir. Elle révèle ton essence divine. Tu l'acquières souvent dans la douleur. C'est aussi grâce à cette douleur que tu peux rencontrer Dieu.

Crée le lien aux autres, l'unité, l'entraide. L'ère du Verseau te demande d'ouvrir ton cœur à ton voisin, à ton prochain.

"Sois le changement que tu veux voir dans le monde". Gandhi.

"L'heure viendra où vous croirez que tout est fini.

C'est alors que tout commencera". Louis L'Amour.

Un peu de mon histoire

Ce livre est le témoignage de ce que la rencontre avec Dieu offre à ceux qui lui font confiance.

J'étais sortie du moule de la religion depuis fort longtemps, trouvant les dogmes religieux sectaires limitants et figés sur une sévérité qui dénature Dieu. Je continuais malgré cela de croire en une religion d'amour qui vivifie les âmes, unifie les peuples. Je continuais de croire en un créateur d'amour, de percevoir la beauté de chaque individu, peu importe sa religion, car chaque être est rempli d'un amour divin.

Il y a maintenant dix ans, lors d'une épreuve de vie, j'ai décidé de retourner à la messe, juste une fois, juste pour tester. Pour voir si cela changeait quelque chose en moi. Je me suis dit: *"tant qu'à être au fond du seau, ne n'ai plus rien à perdre"*. Lors de cette messe, le prêtre a transmis un message qui a totalement résonné en moi. Il a expliqué que tant que nous avions de la colère en nous, il était impossible d'être connecté à Dieu. Seul le pardon à nos ennemis et envers nos épreuves de vie crée l'union avec Dieu. Le prêtre a ensuite expliqué le rôle de Jésus et a dit que Dieu nous a envoyé son unique fils afin de nous sauver et de nous réconcilier avec l'amour du père. Et ainsi, de par cet amour, nous guérir de nos souffrances. J'ai donc décidé d'acheter une bible, trois euros en grande surface. J'ai pensé que si pour seulement trois euros je pouvais être sauvée, cela pouvait valoir le coup. En lisant les évangiles et en apprenant davantage sur la vie de Jésus, je suis entrée en connexion avec cette énergie christique, l'amour inconditionnel. J'avais entendu dire qu'en lisant la bible l'esprit Saint nous tombe dessus et nous guide vers la guérison. Je ne demandais qu'à voir tellement j'étais pessimiste sur cette éventualité. Je n'ai malheureusement pas été touchée par la foudre divine, pas de miracle conséquent ni de guérison foudroyante. Je n'ai pas reçu l'illumination qui transforme en religieuse accomplie dans son couvent. Cependant, l'esprit Saint a tout de même ouvert ma conscience et surtout mon cœur. Je me suis ouverte à la spiritualité grâce à cette légendaire Sainte Bible. J'avais déjà un peu travaillé mes blessures, lu quelques livres de développement personnel, mais je demandais à trouver quelque chose de plus profond. Dieu m'a répondu et m'a conduite vers le chemin de l'éveil de l'âme. Au fil des jours, ma vie s'est doucement embellie. Je me suis recentrée sur moi et mes aspirations profondes. J'ai ressenti un changement intérieur jamais expérimenté auparavant. C'est un peu comme si une lumière s'était allumée à l'intérieur de moi. Un souffle de vie, une soif de vivre. J'ai entamé des formations pour devenir guérisseuse de l'âme, mon grand rêve. Thérapeute holistique, magnétiseuse énergéticienne. J'ai été fortement condamnée comme étant farfelue et irrationnelle aux yeux de certains cartésiens, souvent des proches, qui ont été les premiers à dénigrer et à rejeter mes projets de vie. Les premiers à me freiner dans cet élan de joie. J'avais toutes les objections possibles pour m'empêcher de faire ce qui me tenait vraiment à cœur.

"Les premiers seront les derniers, et les derniers seront les premiers". Marc 10:31

Avec ce souffle de vie, rien ni personne n'a pu me stopper dans cette frénésie de m'accomplir.

Je me suis ouverte à la spiritualité, grâce à cette reconnexion au divin. Pur hasard ou véritable destinée ?

"Dieu a répondu".

Il m'a guidé vers le chemin de l'éveil et j'ai enfin trouvé ma place dans ce monde. Je commençais ma réelle mission de vie, celle de vibrer haut de par le fait de m'épanouir en tant que guérisseuse. Durant mes formations, j'ai rencontré des personnes incroyables, des sages, des chamans, des prêtres et des êtres comme moi en quête d'éveil et d'accomplissement. Des rencontres d'âmes. Dans ma patientèle également, des âmes sœurs, des êtres sublimes, des anges.

De merveilleuses bénédictions sont apparues dans ma vie, la plus belle étant de devenir maman à trente-neuf ans, d'un petit garçon prénommé Anaël, qui signifie *"Dieu a répondu"*. Je me suis lancée de tout mon être dans cette mission de vie à vouloir guider et soigner les autres, les malheureux, les écorchés vifs, ceux qui me ressemblent de par leur grande souffrance. Car si Jésus était capable de me sauver grâce à ses enseignements, je pourrais peut-être guider certaines âmes perdues, en transmettant ces enseignements et en utilisant cette énergie christique pour les magnétiser. Je pensais à ce moment-là avoir réussi mon éveil spirituel mais je n'étais qu'à ses prémices. J'ai alors affronté ma descente aux enfers, pendant plus de 5 ans, la traversée du désert. Injustice, trahison, abandon, humiliation, rejet, toutes les blessures ont été réactivées. Tout à affronter, tout à transmuter. Le Karmique, le transgénérationnel, avec pour cerise sur le gâteau une nuit noire de l'âme sur un parcours de flamme jumelle, classée dans le top dix des chemins de croix les plus douloureux, une des pires à expérimenter. Le néant lorsque tout s'effondre.

Mon Dieu pourquoi m'as-tu abandonnée ?

Tout simplement pour que le sombre devienne lumineux, pour vivre la renaissance de l'âme sacrée, incarner la lumière de Dieu. Pour tout reconstruire. Pour se trouver, pour trouver les dons. Pour trouver le véritable enseignement du Christ.

Ce livre est tiré de l'enseignement intégré au travers de cet éveil. La certitude d'avoir été sauvée et guidée par Jésus est incontestable. En témoigner faisait partie du chemin.

Cela fait aujourd'hui neuf ans que je suis guérisseuse. Au cours de toutes ces années, j'ai conscientisé les outils dont mes patients ont besoin pour aller mieux. Je me suis aperçue que ces enseignements reflètent ceux de Jésus. Il avait donc tout compris ! Un prophète majestueux, mon Roi. Son passage était vraiment pour nous donner la clé de notre guérison. Pour guérir ce monde si triste, pour revenir à l'état pur. Si ce livre peut guérir ne serait-ce qu'une seule personne, cela aura valu la peine de l'écrire. Il a été écrit grâce à des canalisations christiques qui ont débuté à Lourdes, comme par hasard, le 18 Février dernier. J'ai terminé ce livre le 23 Mars, soit 33 jours. 33, ils sont forts là-haut ! Comment suis-je certaine d'être reliée à Jésus ? Et toi, comment as-tu la certitude que le soleil se lèvera demain ?

"Je suis le chemin, la vérité, et la vie. Nul ne vient au père que par moi".

Jean 14.6

Synchronicités

Je suis guérisseuse depuis 9 ans. J'écris ce livre sur une année 9 (2025) et je viens de faire 45 ans (9).

En numérologie, le chiffre 9 est associé à la sagesse et à l'initiation, à l'éveil de conscience et à l'accomplissement final. Dans la Bible, le 9 symbolise la plénitude divine.

999 est un puissant symbole de transformation, de clôture et de renouveau. C'est l'achèvement, l'accomplissement. Je vous souhaite, au nom de Jésus, de renaître à votre état pur.

Je suis une Vibration Maître 11 (née le 08/03/1980), soit une vibration angélique venue transmettre les messages du divin.

Sous la régence de l'archange Gabriel, le Messager divin. (Merci à lui pour son humour !)

En signe astrologique chinois Singe, malicieux et rempli lui aussi, d'humour.

2025 est en synchronicité l'année du serpent, soit l'année de la transformation et de la mue. Ta transformation prend effet lorsque tu te libères de ton ancienne peau pour incarner ton essence divine.

Par ce livre, nous avons effectué un tour de magie, rien que pour toi, car les guides et les anges ont beaucoup d'humour. En lisant ce livre, tu as lu certains passages de la Bible. Tu as donc, à ton insu, reçu l'Esprit Saint sur ta tête ! Il est fort probable que dans les jours à venir ta conscience s'ouvre, pour te mener à la guérison et à l'accomplissement. Synchronicité ou hasard ? Suis-je allée à cette messe il y a dix ans, par hasard ? As-tu lu ce livre par hasard ? Je pense que tout est lié. Tout est ficelé, organisé et destiné. Et même si ici-bas nous pensons contrôler et maîtriser notre vie, tout est déjà écrit. Alors souris, tu as juste à y croire et qui sait, peut-être que tu pourras rencontrer Dieu grâce à un livre à quinze balles ! N'est-il pas beau ce miracle ?

Le passage de Jésus sur Terre nous enseigne que nous possédons un immense pouvoir créateur. Nous sommes capables de réaliser de grandes œuvres, de nous guérir et de guérir.

Jésus affirmait être le fils de Dieu. Il voulait transmettre que chacun de nous est l'enfant du Créateur, cette source d'amour infini.

Jésus enseigne aux hommes les secrets de l'Univers afin que la vie sur Terre devienne un paradis d'amour et de lumière. Ses paroles éveillent le monde. La résurrection par le pardon.

De par sa mort, nous devons pardonner aux autres et nous pardonner et ainsi réveiller notre potentiel divin. Nous devons cultiver cette foi de réaliser nos rêves.

Sa mort reflète le sacrifice du père qui nous a offert son fils pour nous prouver son amour et nous faire abandonner cette croyance en un Dieu punitif.

Croire en un Dieu d'amour pour ne plus se dissocier de lui et incarner cet amour ici-bas.

Tout est accompli.

Quand Jésus eut pris le vinaigre, il dit "tout est accompli". Puis il baissa la tête et rendit l'esprit. Jean 19:30

REMERCIEMENTS

Ô mon Jésus, sans toi je n'aurais jamais survécu.

Ma douce Vierge Marie, sans toi je ne serais plus là.

Anaël, mon ange, tu remplis ma vie d'amour.

Mes patients, mes petites brebis, je vous bénis.

Mes guides, les anges et êtres de lumière, merci de me supporter !

À Jean-Louis,

Papa, tu me manques tellement,

du Ciel où tu es aujourd'hui,

Je reçois ton Amour, plus que jamais.

© 2025 Sonia Barthod
Édition : BoD · Books on Demand, 31 avenue Saint-Rémy,
57600 Forbach, bod@bod.fr
Impression : Libri Plureos GmbH, Friedensallee 273,
22763 Hamburg (Allemagne)
ISBN : 978-2-3225-3559-0
Dépôt légal : Avril 2025

TABLE DES MATIERES

AVANT-PROPOS..2
L'état pur..4
La quête de soi..6
La foi..8
Le courage..10
La peur...13
Le pardon...16
Le voyage...20
Le couple divin...22
La rencontre avec soi...25
La zone de confort...28
La lumière de Dieu..31
L'instant présent..33
L'âme d'enfant...35
Les guides..38
La dévotion..41
L'unité..44
La nuit noire de l'âme..46
Les blessures de l'âme...49

La hauteur……………………………………..53
La bravoure………………………………....…..56
La puissance………………………………....…59
L'abondance………………..…………………..63
La protection divine…………..………………...68
L'action de grâce……………..………………...70
La lettre de libération......…..……………………80
La solitude…………………………...…………83
Les vœux…………………………………….…85
La vie…………………………...………………87
La prière……………………………………..…91
La soif de vivre……………...………...…………92
L'Esprit-Saint……………………………….…..94
La guérison……………………...……………...97
L'amour…………………..……………………..102
La vibration christique……..………...…………………..105
Le changement……………………………….……107
La mort……………………………………….......110
Le cercle doré……………………………….…..113
L'ancrage……………………………………….118
La graine…………………………………...…….120
Le bilan……………………………………...…122

La victoire...*126*
Les larmes..*128*
Le corps...*131*
Les flammes jumelles..*133*
La magie..*137*
L'hypersensibilité..*139*
La sexualité...*141*
La baguette magique...*143*
La réconciliation...*148*
Réussir ton éveil spirituel.......................................*150*
Un peu de mon histoire...*155*
Synchronicités...*159*
REMERCIEMENTS...*161*
TABLE DES MATIERES...................................*168*